银行客户经理

营销实战

全能一本通

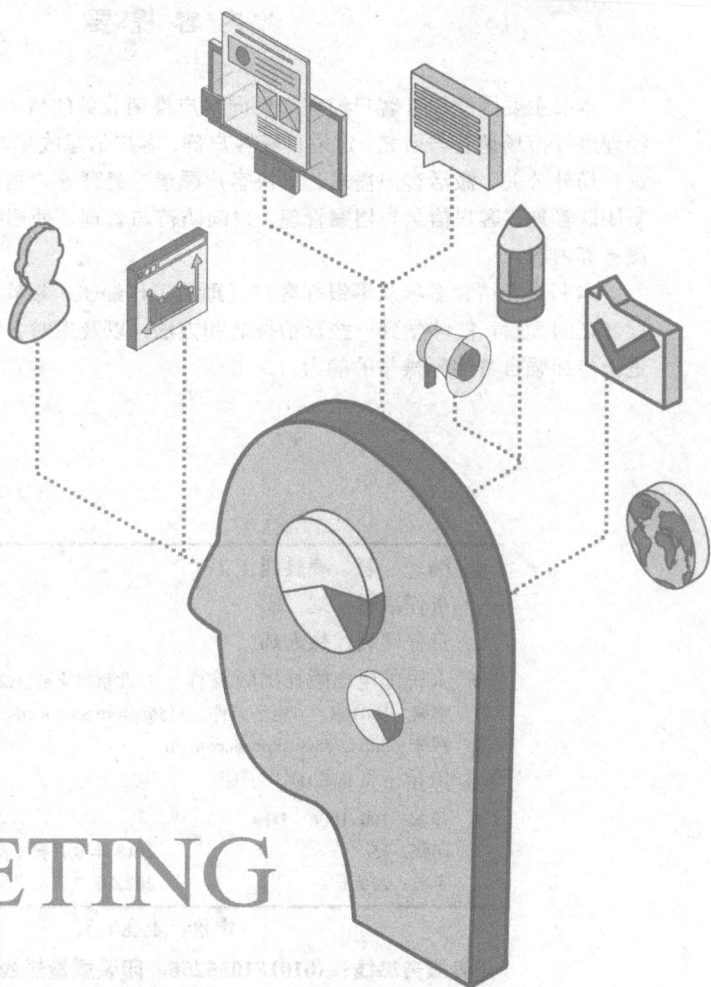

凌晨四点半◎编著

BANK
MARKETING

人民邮电出版社

北　京

图书在版编目（CIP）数据

银行客户经理营销实战全能一本通 / 凌晨四点半编
著. -- 北京：人民邮电出版社，2018.8（2022.7重印）
ISBN 978-7-115-48150-4

Ⅰ. ①银… Ⅱ. ①凌… Ⅲ. ①商业银行－市场营销学
Ⅳ. ①F830.33

中国版本图书馆CIP数据核字(2018)第054887号

内 容 提 要

本书主要围绕银行客户经理如何向客户推销业务的核心主旨展开介绍，包括银行客户
经理进行市场调查与研究、定位目标客户群、客户信息收集与选择、与客户进行业务谈判、
进行场外公关、激活客户需求、解决客户顾虑、处理客户拒绝、客户投诉处理方案、自我
与团队管理、客户信息与档案管理、风险防范与管理、处理银行坏账以及提供一站式金融
服务等内容。

本书作者结合多年从事银行客户经理的工作经验，以实际案例向大家讲授营销技巧。
读者在阅读后，能够学到一些营销技巧和方法，以及应对各种意外事件的处理方法，可以
进一步加强自身实际操作的能力。

◆ 编　著　凌晨四点半
　　责任编辑　刘　尉
　　责任印制　焦志炜
◆ 人民邮电出版社出版发行　　北京市丰台区成寿寺路 11 号
　　邮编　100164　　电子邮件　315@ptpress.com.cn
　　网址　https://www.ptpress.com.cn
　　涿州市京南印刷厂印刷
◆ 开本：700×1000　1/16
　　印张：15　　　　　　　　　2018 年 8 月第 1 版
　　字数：220 千字　　　　　　2022 年 7 月河北第 15 次印刷

定价：49.80 元

读者服务热线：(010)81055256　印装质量热线：(010)81055316
反盗版热线：(010)81055315
广告经营许可证：京东市监广登字 20170147 号

前　言

随着思想观念的转变，人们对银行的各种理财或者信贷产品的态度越来越开放，接受能力也在逐步增强。但是，随着互联网金融企业的大肆"挖角"，比如阿里小贷、余额宝、P2P、众筹等众多新业务形态的出现，传统银行业受到冲击。除此之外，简单粗暴式的推销方式早已退出历史舞台，银行客户经理要想提升业务量，还要从长计议。

在机遇与挑战并存的情况下，银行客户经理要想把工作做得出色，不仅要有较强的公关能力和系统的营销策略，还要有强烈的服务意识，并且能够积极调动商业银行的各项资源，从而为客户提供全方位、一体化的服务。

本书首先强调谈判之前的准备工作，主要分为三个方面：银行客户经理要正确认识自己的工作，对所处行业的市场状况做一个准确的了解；为自己的销售铺路，客户定位越准确，销售难度就越低；随着进一步加深了解，银行客户经理要通过各种渠道，收集和选择客户信息，获取精准客户，提高销售业绩。

其次，书中从如何谈判才更容易成功这个角度出发，详细解说了谈判细节，同样分为三个部分：银行客户经理上门谈判时，需要掌握的相应技巧和策略，使读者通过阅读后对谈判有一个正确的认识；重点介绍在业余时间内，银行客户经理如何与客户增强交流，促进感情；列举挖掘潜在客户、激活客户对产品的需求的方法。

再次，站在客户角度，向读者介绍银行和银行客户经理应如何提升服务质量，增强客户满意度。第一，针对客户的顾虑，银行客户经理正确认识客户顾虑的源泉，并着手解决。第二，判断客户拒绝产品的真假性质，做好处理的准备工作。第三，面对客户的投诉时，教会读者正确的处理方法，既不会无端受委屈，也不会影响正常的工作。

最后，本书针对银行行业以及客户经理的管理问题做出详细的解说，并列举了目前做得较好的银行一站式金融服务模式案例。第一，介绍了如何提升自我，让团队的整体素养得到提升。第二，把目光聚焦在挖掘客户更深层次的信息上，向读者叙述在客户的信息和档案上如何整理出"大文章"。第三，银行客户经理在进行业务推销时，应该对客户进行风险评定，列举评定的方法。第四，坏账是每个银行都在担忧的问题，这一部分针对银行坏账做出相应的分析，并叙述了处理的方法。

要想做一名优秀的银行客户经理，就要从打好业务基础开始，真诚地对待客户，合理地运用技巧，一步步塑造自己的职业素养，勇于迎接新的挑战。

编者

2018 年 1 月

目 录

第 3 章　客户信息收集与选择

第 11 章　客户信息与档案管理

第 12 章　风险防范与管理

第 13 章　处理银行坏账

第 14 章　提供一站式金融服务

第 1 章
市场调查与研究

银行客户经理可以说是银行与客户交流的桥梁，工作主要是以客户为中心，处理客户存贷款、理财及其他中间业务，并负责维护客户关系。银行客户经理在进行正式工作之前，应该对自己的这份工作有一个非常清楚的认识。而认识这个行业最好的办法就是做好市场调查研究。不仅要对自己所在银行的经营环境进行调查，还需要对客户的情况以及竞争对手进行调查分析，从而对市场有一个全面的了解。

1.1　经营环境调查

无论做什么事情，都需要事先做好准备工作，在进行正式的工作之前，应该先对经营环境进行调查研究。一般来说，需要调查的内容包括政策、法律环境，行业发展状况、趋势、规则以及宏观经济状况。下面就讲解具体的内容。

1.1.1　政策、法律环境调查

为了营造一个健康、稳定的经济环境，国家会在一些方面做些限制或者约束，如果违背了国家的相关规定，所有的努力到最后很可能会功亏一篑。例如，美微传媒的创始人朱江曾为了获取创业资金，在淘宝上开展了众筹活动。但是他在对《中华人民共和国证券法》相关规定了解之前就开始着手此活动，最后他虽然成功从 1000 多人手中众筹到了 500 万元，但由于这次众筹活动人数超过 200 人，又没有经过证券监管部门的核准，所以被认定为不合规。美微传媒不得不向所有购买凭证的投资者全额退款。

所以，无论是进行什么样的业务或者开展什么样的服务，都必须先了解国家相关的政策、法律方面的信息，还要了解国家对你开展的业务持什么样的态度，或者相应的管理措施和手段是否对你开展的业务有所影响。

在任何社会制度之下，银行的业务活动都必将受到政治和法律环境的强制和约束。为了能够建立起一个稳定的社会秩序，保证正常的社会竞争以及消费者的权益，政府都十分重视法律、法规的颁布和调整。而每当有一项新的法律、法规要颁布的时候，就很有可能会影响银行业务的开展。

小提示： 对于银行来说，法律是评判各种营销项目的准则，只有依据法律、法规进行各种活动，才能受到国家有关法律的保护。因此，业务人员在推行业务的时候，必须遵守国家和政府的有关法律、法规。

例如，在银行方面，一般需要了解的法律、法规有《中华人民共和国商业银行法》《中华人民共和国证券法》《中华人民共和国保险法》《中华人民共和国中国人民银行法》《中华人民共和国银行业监督管理法》《中华人民共和国票据法》和《中华人民共和国外汇管理条例》。对于银行客户经理来说，《商业银行理财产品销售管理办法》也是必须要了解的内容。

《商业银行理财产品销售管理办法》第十八条中提到，理财产品销售文件应当包含专页风险揭示书，风险揭示书应当使用通俗易懂的语言，并至少包含以下内容：

（1）在醒目位置提示客户，"理财非存款、产品有风险、投资需谨慎"；

（2）提示客户，"如影响您风险承受能力的因素发生变化，请及时完成风险承受能力评估"；

（3）提示客户注意投资风险，仔细阅读理财产品销售文件，了解理财产品具体情况；

（4）本理财产品类型、期限、风险评级结果、适合购买的客户，并配以示例说明最不利投资情形下的投资结果；

（5）保证收益理财产品的风险揭示应当至少包含以下表述："本理财产品有投资风险，只能保证获得合同明确承诺的收益，您应充分认识投资风险，谨慎投资"；

（6）保本浮动收益理财产品的风险揭示应当至少包含以下表述："本理财产品有投资风险，只保障理财资金本金，不保证理财收益，您应当充分认识投资风险，谨慎投资"；

（7）非保本浮动收益理财产品的风险揭示应当至少包含以下内容："本理财产品不保证本金和收益，并根据理财产品风险评级提示客户可能会因市场变动而蒙受损失的程度，以及需要充分认识投资风险，谨慎投资等内容"。

在当前，银行推行业务活动时的法律环境有以下两个明显的特点。

（1）管制银行的立法增多，法律体系越来越完善。对于这方面立法，一方面可以保护各大银行之间的公平竞争，制止不公平的行为；另一方面更是为了维护客户的权益。当然，从长期的角度来看，更是为了保护社会的整体利益和长远利益。

（2）政府机构执法更加严格。政府颁布了相关法律规定，按照规定进行执法，这样才能使法律起到作用。各个国家都会根据自己国家的情况，进行相关的执法工作。而我们需要做的就是知法守法，自觉地用法律来规范自己的行为，并且自觉接受有关部门的监督。

1.1.2　行业发展状况、趋势、规则调查

任何人在进入一个新行业后，都需要充分了解该行业的信息，这样才会使你从一个"门外汉"尽快地向内行转变。业务人员应该充分调查自己开展的业务所属行业的发展状况、发展趋势以及行业规则。

例如，从事服装业的人士需要了解服装行业的发展趋势、流行的款式以及颜色、服装的技术发展和国际盛行的服装等情况；从事美容行业，就需要了解本地乃至国际上的流行趋势和先进的技术等内容。

> **小·提示**：当前，银行营销行业具有复杂多样的特点，诸多的影响因素使得银行市场营销活动变得更加复杂，而且经常会处于一种动态的状态中，不容易把握。

从银行面临的挑战方面来看，如今的房产政策和价格走势会对其有所影

响。银行放贷包括以下（见图 1-1）3 个方面的内容。

图 1-1　银行放贷的 3 个方面

根据大数据显示，银行业的贷款构成中有 30% 会受到房地产政策和价格走势的影响。而随着央行出台二套放贷政策，房价下跌，这对于银行来说会有一定的风险。

随着我国经济实力的不断增强和人民生活水平的不断提高，我国的外汇储备已经十分充沛，但是人民币的升值使我国面临着外汇储备缩水的风险。除了中国人民银行持有一定的外汇储备之外，外汇资产最大的持有者就是工商银行、建设银行和中国银行等商业银行。

随着资本市场的发展，企业在市场化之后，能够采用发行债券等方式进行融资，这在一定程度上引发了"脱媒"（一般是指在进行交易时跳过所有中间人而直接在供需双方间进行）的现象。而商业银行是依赖于传统的存贷汇业务的，这对于它们来说，无疑是一个全方位的挑战。股票、企业债券等成了银行的替代品，给银行分流了一些优质贷款，因此而导致的优质大客户的流失使得银行相对地提高了对陌生企业的贷款比例，信贷方面的风险进一步加大。

当然，目前商业银行的营销发展仍有一些机遇，如进行业务转型、实现了产品的创新、银行的风险管理水平得以提升等。这些机遇可以推动金融监管与国际标准的接轨，利于银行体系的完善，更有利于银行拓展海外的业务。

1.1.3　宏观经济状况调查

宏观经济是否景气对老百姓的购买力有着直接的影响，因此，掌握宏观经济的情况对银行客户经理的工作也有一定的好处，能够帮助其根据宏观经济状况，判断市场未来的发展趋势。

在 1989 年夏，我国香港地区房地产市场低迷。这时候有些商人便看准了时机，在楼价下跌的时候买了许多期房。结果不到半年时间，房地产市场形势开始明朗，楼价攀升，这些商人大赚了一笔。因此，了解宏观经济形势，掌握一定的经济情况，也是经营环境调查的一项重要内容。

小·提示：在这种宏观经济的影响下，银行的理财业务也向资产管理业务转型。由于主要投资品种收益率的下降、资本市场的回温以及业务转型等因素，在 2014 年的时候，银行理财产品的规模速度就出现了明显的下降，收益的水平也在下降。

自 2015 年起，银行的理财业务在稳定的增长中慢慢实现了转型，并且回归到了资产管理业务的本质上来，主要呈现出以下（见图 1-2）4 个方面的特征。

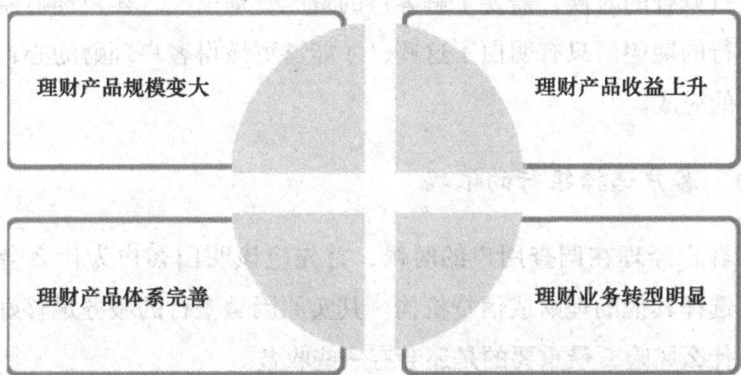

图 1-2　银行理财业务呈现的 4 个方面特征

1. 理财产品规模变大

理财产品规模不断增长，而这种经济增长动力的转变还能对理财产品进行新模式的探索，市场的繁荣还能够为投资组合配置拓展空间。

2. 理财产品收益上升

理财产品的收益在市场上的变化特征将会更加明显，受实体经济与全面宽松的资金影响，传统的理财产品收益可能往往在 4.5%~5%。

3. 理财产品体系完善

理财产品的同质化形态将被打破，产品的体系也将不断被完善，净值型的产品也将会在监管的推动下被大力发展，一些结构性的产品的发行速度能够被提高，并且高端人士的个性化产品将被进一步丰富。

4. 理财业务转型明显

银行理财业务的监管集中在"刚性兑付"的问题上，有望通过产品形态的转型、收费模式的转变等方式来规范和推动商业银行的理财业务转型，对于那些成功转型的商业银行，也极有可能会扩大商业银行的中间业务，并帮助其他商业银行进行转型。

1.2 客户情况调查

银行客户经理也有销售任务，在进行业务推销时，往往需要和客户直接打交道，因此对于银行客户经理来说，了解客户的情况是有必要的。在对客户情况进行调查的时候，需要了解客户的资产管理情况、客户理财需求以及客户对银行的期望。只有明白了这些，才能够更懂得客户理财的心，进而有利于业务的完成。

1.2.1 客户选择银行的依据

银行客户经理在调查用户的时候，首先应该明白客户为什么会选择银行，而不选择其他的理财或信贷机构。其实原因是银行的服务足够好，又基本上没有什么风险，最重要的是还会有一些收益。

银行作为信誉度比较高的金融机构，开设的分点比较多，类型也是多种多样，提供给客户的选择也比较多。而且银行是一种典型的服务行业，客户的满意和信任才是银行得以实现长久发展的基础，银行服务的好坏对客户也会有直接的影响。

王顺名今年 58 岁了，到了快退休的年龄，工作了几十年，也攒下了不少积蓄。看着身边的人都开始理财，并赚了不少钱，自己的钱放在那里并没有多少变化，王大爷不免有些眼红。最后经过再三考虑，他到离家不远的某个银行去了解理财产品。

王大爷刚来到银行说明自己的来意后，就被银行工作人员热情地接待了。王大爷对理财产品了解得比较少，因此，银行工作人员讲解得很费劲，花了好长时间才让王大爷明白一些理财产品，最后工作人员主动向王大爷推荐其中一项理财产品，告诉他这项产品特别适合他。

近几年，王大爷和这个银行打了很多交道，他感觉这里的工作人员服务态度都比较好，而且自己在这个银行投放的资金也没有出现过什么意外，所以，王大爷对这个银行的工作人员十分信任，毫不犹豫地选择了工作人员为他推荐的理财产品。之后的日子里，王大爷也没有花多少心思，就看到自己的钱"生钱"了。

从这个案例中可以看出，很多人选择银行进行理财的一个主要原因就是银行对于自己来说是比较熟悉的，而且附近的银行出行比较方便，更重要的是银行是一个值得信赖的机构。当然，作为银行的工作人员，想要客户对银行进一步留下好印象，就需要给客户提供更好的服务。

即使当客户进行投诉时，也应该把其视为银行的宝贵资源，因为客户一旦投诉，就说明银行工作人员还有一些不足，这些不足很可能就是客户的潜在需求。如果自己能够好好利用这一部分资源，转换思维，把以提供金融产品为中心转向以客户为中心，这样既能够应对客户需求，推出合适的产品和服务，还能挖掘到客户未被满足的需求，促进银行的发展。

1.2.2 客户资产管理是否有理财或贷款

不同的客户往往会有不同的需求，在对客户进行业务推销时，首先应该了解客户的资产管理情况，客户之前是否已经有了理财或借贷情况。如果不根据实际情况而凭感觉对客户进行推销，那么很有可能会把事情搞砸。

王安是北京某银行的业务人员，刚来到这个银行不久的他非常急功近利，想在短时间内取得非常好的业绩。但是他对客户推销产品过于热情，对客户本身的资产管理情况往往没有太多了解，因此，很多时候往往是好心却把事情搞砸了，而且惹得客户很不高兴。

有一次，王安把一项理财产品向一位看起来事业有成的年轻人推销，在见到这个年轻人之后，王安开口就说："我觉得我们这个产品特别符合你"，然后也不理会客户厌烦的表情，自顾自地讲起了这个理财产品有多好。

但是，这位客户对他的这项理财产品很不"感冒"，王安就又向客户推荐了其他理财产品。虽然王安自己说得口干舌燥，但是到最后也没有说动这位客户，反而被这位客户大骂了一顿。

原来这位客户是银行的老熟人了，之前已经购买了该银行的许多理财产品，包括王安介绍的，他都曾购买过。王安在得知这种情况后，十分羞愧。有了这次经历，王安获得了一些经验，那就是在对一个客户进行产品推销时，应该先了解客户的资产管理情况。

了解客户的资产管理情况，清楚他之前的贷款情况或购买的理财产品，那么就可以有根据地对其进行推销。例如，在了解到某个客户一直使用自己银行的某项理财产品后，就可以向他推荐最新版的理财产品，或给他介绍更多的理财产品，让他多做了解，再来确定想要的理财产品。

这一点和电信业务推广很相似，电信的业务人员会主动打电话向客户推销其正在使用的升级版的套餐，告诉客户会有哪些优惠活动，这样一来，能够在很大程度上提升客户的订购率，这比坐在营业厅里等待客户去订购的效果要好得多。

> **小·提示**：银行客户经理在向客户进行产品推销之前，应该清楚了解客户之前的资产管理情况，看其是否已经接受过理财或借贷服务，然后根据已经掌握的信息来推断客户还有哪些需求没有得到满足，思考如何劝说才能更吸引客户。

1.2.3 客户迫切的需求是什么

在对客户的资产管理进行了解后，其实在很大程度上也能够了解到客户的需要，是增加财富还是贷款融资。毕竟不同的需求，会使客户有不同的选择产品的欲望，只有了解了客户的需求，才能在与客户沟通的时候，更好地完成业务。

当了解到客户是需要理财的时候，就向客户推荐合适的理财产品。但是当客户急需贷款融资的时候，就要向客户推荐信贷产品。这样根据具体的实际情况，当客户产生需求的时候，及时地出现在客户身边，成功率往往会比较高。

张进是北京某银行的客户经理，在向客户推销产品的时候，他往往很有经验。例如，在前一阵子他又完成了一笔大单。

王总是张进所在银行的老客户了，经常会在这家银行进行信贷，信誉也比较好。但是张进得知王总公司最近资金好像遇到了点麻烦，本来想向王总推销理财产品的他，马上把产品换成信贷产品，并主动去拜访了王总。

两人见面后，寒暄了几句，张进就开始谈起了王总的公司情况，一说到这些，王总脸上的神情有些变化。张进借机向王总推荐了自己银行的最新信贷产品，并向王总具体分析了有哪些利害。

张进的坦诚让王总很感动，正好最近他正在考虑贷款的事情，于是在和张进谈过之后，很快就答应购买银行的这项信贷产品。而且因为这件事情，张进和王总变得更加熟识，之后王总又从他这里购买了一些理财产品。

从张进的推销案例中可以看到，根据客户最迫切的需求去做推销，并且向他们讲清楚其中的利害，就会使客户对你感到更放心，进而对你推荐的产品也会更加信任，成功率自然就很高了。

但是如果不根据具体的实际情况，例如，客户现在急需的是增加财富，但是你却向他推荐信贷产品，就会让客户哭笑不得；如果客户需要的是贷款，你却向他推荐理财产品，只会让客户感到愤怒，这都是不合格的推销行为。

小提示：我们通常说要对症下药，正是这个道理。每个人的情况不可能完全相同，适合这个人的产品不一定就适合另一个人，只根据表象判断客户需求往往抓不住真实情况，只有了解了具体的情况，再对之做出判断才能使事情更容易成功。

1.2.4　客户对银行的期望与建议

银行客户经理对客户要进行全面的了解，不仅要了解他们的自身情况，也要了解他们对银行的期望与建议。根据他们的期望和建议，银行做出相关的调整，会使客户对这个银行产生更好的印象，从而更放心在这个银行进行各种资产管理。

客户对银行的期望，不仅在于银行某些方面做得完善与否，更在于银行是否能够满足客户急切的需求。只有倾听到客户对银行的期望，银行的服务才会进一步得到提高，客户的体验才会更加优越。

有些银行工作人员认为客户不进行建议或者投诉就代表着银行的服务比较好，这其实是一个错误的观点。因为大部分的客户在吃过亏后往往不会吭声。一般来说，当期望与实际出现偏差之后，客户就会产生各种不满的声音。但是大部分客户在遭受到这种不满意的情况之后，往往不会进行建议，原因在于他们觉得提建议也没有用，问题也不会得到解决；或者是提建议很麻烦，很有可能会遭到别人的白眼，而且有些心软的客户也会觉得不好意思，这样往往会使他们想要换一家银行进行服务。

可以看出，在这个时候，没有消息就并不一定是好消息了，因为客户很有可能在无声之中做出了其他的选择，这也是为什么有些银行收到的投诉不是很多，但是客户却越来越少的原因。

研究客户的建议和投诉是一个很有效的方法，因为建议往往是客户潜在的需求没有得到满足而产生的。当然，在建议的过程中，就包含有对银行的期待。这个时候，银行工作人员应该抓住机会，进行换位思考，多问客户几个为什么，找出客户的建议的根本原因，也许新的商机就包含其中。

因此，当客户对银行进行建议的时候，银行工作人员的核心工作就是处理好这些建议，提高客户的满意程度，降低银行客户的流失率。

调查客户对银行的期望和建议，可以采取不记名调查问卷的形式，在调查问卷中设计的内容要具体化，不能模糊地提问"您对银行的服务满意吗""您觉得银行还有什么需要提高的吗"，可以提问类似于"您目前使用的银行产品是什么，有什么样的体验"，这样把问题具体化，客户就更容易填写最真实的感受。

除此之外，银行客户经理还可以采取非正式的形式，如和银行里的客户聊天，在近距离的交谈中发现客户没有被满足的需求和银行需要改进的地方。

1.3　竞争对手分析

在开放的市场经济下，几乎没有独家买卖，往往有些人会和你有相同或者类似的业务，这就成为你现实中的竞争对手。"知己知彼，方能百战不殆"，认识到主要和潜在的竞争对手的情况，并进行比较，才能得出双方的优劣点，从而更好地为业务推销做准备。

1.3.1　识别主要和潜在竞争者

想要了解竞争者，首先需要识别谁是你的竞争者。识别竞争者看起来似乎是个非常简单的工作，然而对于任何一家公司来说，实际存在的潜在竞争对手要比想象中的更多，因此，不仅需要识别主要竞争对手，还要识别那些潜在的竞争对手。

银行客户经理可以从日常生活中知道，百事可乐和可口可乐是一对竞争对手，花旗集团和美国银行是主要的竞争对手。对于任何一家银行来说，最主要竞争对手就是除自己之外的其他银行，但是还包括那些不明显的潜在竞争对手。

想要确切地找出竞争对手，需要从产业和市场两个方面来确定。一方面，产业是由一群提供同一产品或者是同一类型的产品的机构或公司组成，这些产品对于客户来说具有可替代性。营销人员根据产品的差异程度、销售者的数量，能够对产业进行分类。

另一方面，根据市场的概念，竞争者的定义可以是满足客户相同需求的对象，例如，一些购买文字处理程序的客户，需要的其实是书写能力。而这种需求也可通过各种笔或打字机来满足，这样一来笔或打字机就成了竞争对手。

营销人员必须克服"近视症"，不能再用那种传统的观念来定义竞争，看不到那些潜在的竞争对手。例如，可口可乐公司由于太过专注于软饮料，没有关注到果汁和咖啡的市场，最终给它的饮料业务带来了很大的冲击。

> 💡 **小·提示**：相对于那些把竞争的定义局限于产品的类别方面的观念，竞争的市场概念能够更深刻地揭示那些广泛而实际存在的竞争对手。例如，根据银行的信贷和理财产品，可以判断出可以取代这些的是一些风投机构和融资公司等，它们和银行虽然不是一个类型，但却是实实在在的竞争对手的关系。

因为银行是一个拥有很多资本的行业，对资金的门槛要求很高，但是由于中国市场经济的迅速发展，中国的银行产业也在逐步降低门槛，并且允许有非官方的资本进入银行业，所以有了各个银行之间对客户资源的竞争。各个银行的主要竞争者有如下几类。

（1）中国中央银行：中国人民银行。

（2）中国政策性银行：国家开发银行、中国农业发展银行、中国进出口银行。

（3）十六家代表性的商业银行：中国工商银行、中国农业银行、中国银行、中国建设银行、中国光大银行、中国民生银行、华夏银行、中信银行、恒丰银行、上海浦东发展银行、交通银行、浙商银行、兴业银行、深圳发展银行、招商银行、广东发展银行。

1.3.2 分析竞争者的竞品与行动

在确定了竞争对手之后，最需要做的就是对竞争对手的竞品和行动进行分析，这也是要找出竞争对手的原因。下面我们就来看一下，如何对竞争对手的竞品和行动进行更好的分析，其分析内容主要包括以下 4 个方面，如图1-3 所示。

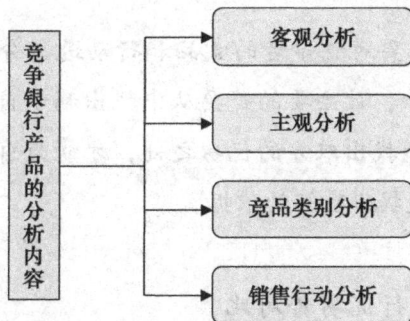

图 1-3　竞争银行产品的分析内容

1. 客观分析

客观分析就是从竞争对手和相关产品中，确定那些需要考查的角度，从而得出一些真实的情况。既然是客观分析，就不能加入主观的判断，应该用事实说话，分析的是各大银行对各种产品的销售情况、具体销售方式和产品的详细内容等。

2. 主观分析

主观分析主要强调的是一种主观体验，当然这个主观体验主要就是从客户的角度来看，这些理财投资产品的实际效果如何、和自己的产品相比有什么差异，以及竞争对手对客户的服务态度情况等。

3. 竞品类别分析

竞争对手的销售类别对产品的销售有着很重要的参考价值。如某家银行推出各种新型理财投资产品，而另外一家竞争对手的定位和自己完全相符，并且针对性更强，那么自己的产品业务肯定就会受到影响。

4. 销售行动分析

分析竞争对手的销售情况的好坏，看看竞争对手都采取了哪些行动，比如他们举办了一些理财投资产品优惠活动，那么就要了解他们的优惠力度和方法。如果他们的方式非常受客户欢迎，就要从中学习并为自己所用。如果他们的理财投资产品不被客户接受，就要分析其中的原因，从而在自己进行业务推广的时候，避免类似事情的发生。

💡 **小·提示**：之所以要对竞争者的竞品和行动进行分析，不仅仅是为了进一步了解竞争对手，最主要的是要从中找出利于自己的因素，只有对竞品进行分析，才能找出双方的优劣之处，才能为自己产品的改进以及自己服务方式的改进提供良好的依据。

1.3.3 与竞品进行优劣势对比

在市场调查环节，通透地了解自身的产品和竞品非常重要。在对竞品进行分析之后，就需要和竞品进行优劣势对比，通过对比找出自身产品的强项和弱项，从而对自身的产品有一个全方位的了解。

首先，自己应该明白所要推销的产品的本质是什么，从本质上理解产品更容易了解客户的心理。要看清楚自身产品的优势之处，为了保证得出的答案是客观的，可以做市场调查提问，从客户的角度观察优势，包括稳定性、营利性、服务等各方面。在明白自己的优势之后，也要看到自己的不足，从自身产品的劣势入手分析，做出适当的改变。

其次，要从竞品的角度来看，调查分析竞品的优势和劣势以及目前存在的问题，从竞品的劣势做分析，找到突破机会。对于任何一个产品来说，存在多少优势，就存在多少劣势，所以再强大的竞品也必然存在着劣势。

之所以要对竞品调查其优势所在，是为了达到自身产品的"人无我有，人有我优，人优我特"的目的，毕竟只有这样，在市场上才会更有动力。如果在一定条件允许的情况下，我们可以把竞品的优势拿过来，使其在我们的运用中达到更完善的地步。若是不能直接拿来使用，就避免其锋芒，从侧面进攻。

我们可以把竞品的劣势看作是自己的镜子。有这样一面镜子，我们就能从中发现自己的不足或当前所面临的困境，进而分析如何才能避免犯同样的错误。

在对自己和竞品进行详细的优劣势分析之后，就可以把二者进行对比，看看自己的产品在竞争中有哪些亮点，并思考如何使自己的产品在竞争中保持优势的地位。通常可以使用 SWOT 表格进行分析，这样不仅能够看出产品存在的优势和劣势，还可以对其存在的机会和威胁一目了然。

小·提示：与竞品进行优劣势对比并不是最终目的，最终目的还是使自己的产品更受客户的欢迎，给客户提供更优质的服务。

第 2 章
定位目标客户群

银行客户经理想要把产品推销给合适的人群，就需要对目标客户群进行定位，从而找出哪些人群最可能是自己的目标客户群。本章主要介绍从需求、客户属性、市场这 3 个方面来锁定目标客户群的方法，并介绍了高级理财经理定位目标客户群的方法。

2.1 从需求出发圈定客户

很多银行客户经理在进行营销时，往往把产品的卖点和客户的需求混为一谈，甚至觉得那些认可银行产品卖点的人，就是我们的目标客户，其实这是一种错误的认知。需求才是客户进行购买的原始动机，应该从客户的需求出发来留住客户，明白自己的产品在哪些方面能够满足客户需求。

2.1.1 你所在的银行主打哪些产品

从客户的需求方面出发定位目标客户群，就需要先看清楚自己所在的银行都有哪些产品、其中哪些产品具有特色，这都是银行客户经理需要提前弄清楚的问题。

对于大多数的银行来说，银行产品从性能和表现形式上来看，主要可以分为以下 3 种，如图 2-1 所示。

1. 基本产品

基本产品是银行构成的基本部分，也是银行赖以存在的基础，比如说人们在日常生活中很常见的存款、贷款等内容，都是产品的基本业务形式。按揭贷款的基本产品是 "贷款"，储蓄存款的基本产品就是 "存款"。

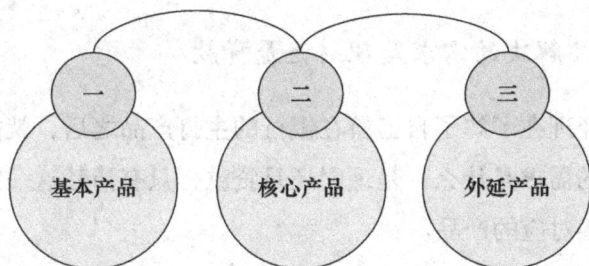

图 2-1　银行产品分类

2. 核心产品

核心产品就是银行向客户提供的能够满足客户金融需求以及投资需求的产品，比如说汽车贷款和教育储蓄，这种产品既能够满足客户的服务需求，也能够让客户获得一定的利益。核心产品一般都是为了解决某一个特定问题而设计的，是具有特殊意义的产品，由于银行具有很强的专业性，银行客户经理就需要在营销的过程中向客户详细介绍能够满足客户需求的产品形式。

3. 外延产品

外延产品还可以称为扩展产品，就是指那些银行产品中为客户提供超出服务范围的产品，这些产品属于金融产品，是对银行产品的外延，能够配套解决客户的全部问题。

对于不同的银行，产品侧重点也会有所不同。如今，随着人们生活水平的日益提高，很多人的消费习惯和消费水平也发生了变化。例如，在 20 世纪的时候，对于大多数人来说，他们去银行主要是办理存取款，而如今个人信贷却在各大银行中成为越来越重要的一部分。除此之外，各大银行往往会推出适合个人的理财产品，帮助客户管理自己的资金，从而使闲置的资金创造出更多财富。

很显然，不同的银行在理财和信贷方面，往往会推出不同类型的产品，通常会在利息或者期限上有一些区别，也或者有各自的产品办理方式和规定。银行客户经理应该对自己所在的银行的产品有一个全面的了解，明白其主打产品是什么，有什么吸引用户之处。只有明白了这些，才能够在营销的时候游刃有余。

2.1.2 产品解决的需求是理财还是贷款

银行客户经理在了解了自己所在银行的主打产品之后，就需要了解这些产品能够解决的需求是什么，是理财还是贷款，只有清楚这一点，才能够为客户需求提出相对应的产品。

💡 **小·提示：**在营销的时候，常见的一种错误就是不根据用户的真实需求去推销产品，而是凭借着主观判断。例如，当用户口渴的时候，他只想要一瓶矿泉水，这也是用户最基本的需求，但是你却向用户推出一款零食，并且一直告诉客户有多好吃，这个时候客户往往不会接受你的推销。

有一种常见的错误，即当客户对某一个产品感到认可时，就误以为他们就是目标客户，从而大力向他们推销，其实这也是错误的，赢得客户认可往往只能吸引他们，但是不能决定他们的购买行为。

例如，一个客户对银行的某项理财很感兴趣，觉得是个不错的产品，那么这个时候其实并没有百分之百地把握他会接受这个理财产品，可能他现在身上正背负着巨额贷款，那么自然没有能力再去做理财投资。

明白客户对产品的需求，在很大程度上能够促进产品的推销。例如，脑白金的广告是"今年过节不收礼，收礼只收脑白金"，这句广告就告诉了客户，脑白金能够满足客户用来送礼的需求。在广告后面才打出脑白金的卖点：年轻态，健康品，这其实就是为了突出用户的需求。

因此，在圈定目标客户之前，就应该先向自己提问，自己推销的产品业务能够帮助客户解决哪些需求？是进行理财还是进行贷款？能够满足哪些客户这方面的需求？怎样才能使得客户获得满足的体验？

2.1.3 哪些人群有理财或贷款需求

银行客户经理在对产品需求进行一定的判断之后，就可以根据这些需求的特点来确定哪些客户需要这些需求，进而再对他们进行相应的理财或贷款产品的推荐，这样推销效果就会好很多。

按照收入水平，可以把客户分为以下（见图 2-2）3 类。

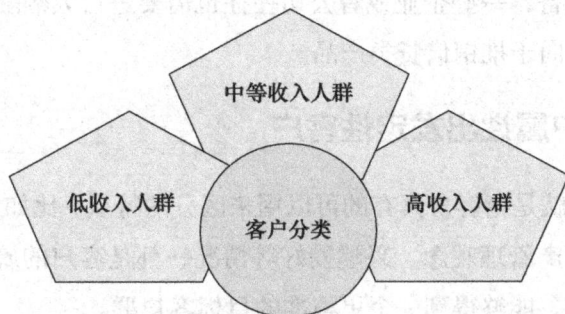

图 2-2 按收入水平划分的客户分类

其中，中等收入人群占据绝大部分，而且也是银行的主要客户。中等收入人群的月收入在 8000 元 ~50000 元。根据某银行于 2017 年 3 月对 1500 多名中等收入者进行的调查，发现中等收入人群普遍希望通过理财给自己带来更多的收益。但是，从另一方面来讲，中等收入人群承担风险的能力比较差，因此只有三成的人能够接受 8% 以上的年化收益率，而有四成的人表示不能接受任何理财上的损失，也就是说他们希望理财风险最低同时能够保本。

调查显示，年龄越大的人对债券、期货、基金等项目越偏爱，而且他们一般都会有想要理财的愿望。从这一点可以看出，只要银行的理财产品能够打动他们，就一定会促使他们购买银行理财产品。

当然，他们同样对借贷有着需求，从目前的情况来看，除了房贷、车贷这种大额消费支出，80 后、90 后中等收入人群已经成为借贷市场的绝对主力。教育和旅游也是他们想要进行大额消费的事项，而且这部分的消费金额在市场上有很大的潜力。

除按照收入来确定人群的需求外，也可以通过其他方式来进行判定，如根据个人的消费情况和资产管理情况来判定。如果有些人喜欢提前消费，可能往往需要一定的个人借贷；有些人在消费上比较约束，更喜欢积累财富。对于这些情况，就可以直接判定是给他们推销借贷类产品还是理财类产品。

除此之外，还可以根据一些事实来进行判断，比如说一些正处于创业期的人需要资金储备，一些企业或者公司往往也需要进行大额融资，那么对于这些人就可以偏向于推销借贷类产品。

2.2 从客户属性出发定性客户

客户属性，就是指客户具有的可以用来区分的特点，比如说性别、年龄、工作、收入、资产管理观念、兴趣爱好等情况，都是客户的属性。从客户的属性来定性客户，能够得到一个更精准的目标客户群。

2.2.1 客户的性别与年龄段

客户的性别和年龄段是定性客户的一方面，因为性别和年龄在很大程度上能够传达出一定的信息。一般来说，这些信息都能够对银行客户经理的推销产生帮助。

以客户的性别来说，性别差异随着年龄的增长而日益突显出来，男女在生理和心理上有着太多的差异。例如，女性客户往往在感情上更细腻、敏感，但是抽象和逻辑思维却不如男性客户。男性客户往往能够考虑到各种利害关系，注重长远利益。而这些差异往往使男女客户在消费上也有所不同。

> 💡 **小提示**：根据有关调查显示，在较高收入的人群中，男性占多数，那么这样一来其实也向我们传达一种信息，即在一般情况下，我们的大部分客户都是男性。当然这是在排除其他因素之后，如果再加上其他因素，这个结论估计又会有变化。

年龄段也是一个非常重要的方面，年龄会对人的生理、心理和社会、家庭角色产生一定的影响，处于不同年龄层的人在需求上会有所不同。除了新陈代谢功能、生理需要会发生一些改变，他们的生活目标和精神需求也会发生改变。不同年龄层的人在心理上会有许多差异，这都会引起很多消费观念的不同。

当然，在不同的年龄段，人们的理财观念也会出现层级式的区别，每个年龄段内部又有着相似之处。例如，和年轻人相比，年龄稍大的人群的资产管理情况会更保守，接受能力也没有年轻人强。

对客户的性别和年龄段进行综合断定，往往就能够判断出他们是否是银行的目标客户群。举一个比较精准的用户画像的例子：某位客户，女性，今年 22 岁，刚大学毕业。根据这些属性，我们就可以得出一定的信息。

一般来说，刚毕业的学生是没有多余的资金的，所以理财类产品对于他们来说暂时是用不着的。而唯一依据的就是他们的消费观念了，根据目前大多数大学生的情况，使用信用卡还只是一小部分人，所以他们往往也不会超额消费。这样一来，我们就可以初步断定，这个客户并不是我们的目标客户。

性别、年龄看起来是非常简单的一些内容，但是往往能透露出各种信息。在一般情况下，银行客户经理可以根据这些属性做出一定的判断，并由此进行产品推销。

2.2.2　客户的工作及消费行为

客户的工作情况会直接影响客户的收入，也会对其资产管理有影响，客户的消费行为能够展现一个人的资产观念，把工作和消费行为结合起来，便能锁定一批目标消费群体。

客户的工作情况是一个很重要的判定标准，可以从其工作的各个方面来进行判定，如忙闲程度、工资高低、职位如何。一般来说，工作比较忙的话，是没有太多心情去集中精力做一些理财的；工资高的话，理财行为可能会多些；而职位越高，尤其是拥有这方面管理能力的人，往往对银行来说就是重要的人物。

上面已经介绍过不同工资水平的客户情况，其中中等收入人群是构成银行客户的主要部分，但是高等收入人群更是银行的重要客户，重要的客户能够给银行带来更多的收益。

例如，银行中的大额度信贷，这针对的对象就是那些工作职位比较高、高收入的人群。这些人群一般都是企业或者公司的高管，对整个企业或者公司的融资情况有很大的决定权，因此对于银行来说，他们是非常重要的目标用户群。

客户的消费行为要从 RFM（Recency 最近一次消费、Frequency 消费频率、Monetary 消费金额）3 个方面来考虑，如图 2-3 所示。

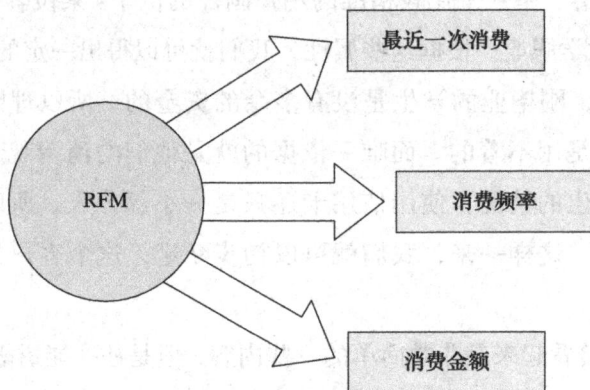

图 2-3　RFM

RFM 的指标需要在财务系统中才可以看到。当然，对用户进行画像应该具体问题具体分析，清楚用户的消费行为是偏向于哪个方向。

但是，按照这种消费行为来给客户进行定性，往往只能适用于现有的客户，并不适用于那些潜在客户。因为那些潜在客户的消费行为还没有进行，分层自然是不可能的。而且对于现有的客户来讲，消费行为也是满足于某种特定目的，想要从中找出特点，制定新的营销活动对策，则需要结合更多的数据来进行分析。

可以根据工作以及消费行为对客户群进行简单的分类，这是对银行目标客户进行划分的两个重要依据。一般来说，根据一个人的工作和消费行为进行分析，就能够定性出一部分目标客户群。

2.2.3　客户的兴趣爱好

兴趣爱好能够在一定程度上反映出客户的经济水平，例如，有些人喜欢打高尔夫、保龄球，但是由于经济水平的限制，喜欢并不代表玩过。所以，爱好水平是受经济能力限制的。

尤其是对客户进行分类的时候，兴趣爱好往往能够呈现出群体化的现象，即在每一个圈子里有着大致相同的兴趣爱好。而且这个时候我们还可以发现，形成圈子的一个最重要的决定性因素正是经济水平。

哈拉公司曾经专门为客户建立资料库，从而使他们可以用图标的方式表示出客户的兴趣爱好。这样的话，客户每次来到宾馆的时候都会有一次完美的经历。这个资料图中的兴趣爱好不仅包括住宿习惯，还有人口统计和家庭收入等其他资料，这样就把客户的全貌画出来了。

在锁定用户群的时候，我们可以先调查出客户的兴趣爱好，从兴趣爱好中发现他们的消费习惯、经济水平等各方面因素。例如，有些女性喜欢购物，这样往往会产生一个结果，那就是超额消费，那么她们可能就会需要信贷服务。

兴趣爱好习惯还会直接影响到客户的投资理财情况，或者说客户在投资理财上也有一定的偏好。有些人非常喜欢古董、古玩，因为古董和古玩具有一定的收藏价值，那么一般情况下就可以断定，这些人会比较喜欢收藏古董和古玩，并对其进行投资，其他方面的投资可能会涉及得比较少。想要使这些人成为我们的客户，可能难度更大一些。

而且，了解了客户的兴趣爱好，在聊天的时候，就可以利用客户的兴趣爱好找到和客户的共同点，便能够在推销过程中拉近与客户的距离，进而大幅度提升成功的可能性。

💡 **小提示**：兴趣爱好是银行客户经理了解客户的一个重要方面，清楚客户的兴趣爱好，能在一定程度上帮助客户经理确定目标客户群。认清客户的喜好是推销成功的保障。

2.3 从市场细分出发锁定客户

除了需求和客户属性能够锁定目标客户群之外，市场细分也能对目标客户群进行判断。从市场的角度出发，考虑客户选择你的服务的原因，考虑客户还有什么要求，并判断客户的购买能力和潜力，就能够对目标客户群进行一个更精准的定位。

2.3.1　客户为什么选择你的产品而不是其他同类产品

每一位银行工作人员都应该经常思考一个问题，即用户凭什么在竞争激烈的市场中，选择接受你的产品而不是其他同类产品。只有知道自己在市场竞争中的优势，并进一步提升自己的服务，才能够在市场竞争中处于不败之地。

有一个比较成功的推销人员曾经问过一个认识很久的客户，为什么没有拒绝上门推销产品的自己而拒绝了别人，客户的回答令他出乎意料。虽然当时也有好几个推销人员向客户推销产品，但是客户更喜欢这位推销人员的推销方式。很多推销人员非常讲究技巧，在推销产品的时候，往往会转一个大圈，而且总是会说一些比较恭维的话，甚至说得十分夸张。

但是这位推销人员并不是如此，而是非常真诚和坦率。在向别人推销产品的时候，能够站在客户的角度上多为他们思考，帮他们分析利弊。这位推销人员在听到这个原因后，明白了自己推销产品的特点和长处所在，就不断提升这方面的优势，从而在客户中非常受欢迎。

第一次见面的客户往往没有心思去听你滔滔不绝地讲，所以你的理念和模式不可能一下子都传递给客户，这个时候聊聊产品才是拉近距离的最好方式。

对于很多产品，客户可能根本就不太需要，有些产品是客户可有可无的，在你没有发现用户需求的时候，被拒绝并不代表客户没有这方面的需求。人都有排斥陌生人的意识，尤其是一些人可能会给客户带来一种不舒服的感觉。所以，在推销的过程中要摆正自己的心态，不能认为自己一定就能成功，客户不选择你肯定有他的理由，你需要弄明白其中的理由是什么。

当客户并不是因为你的服务质量而选择你，而是明显对你的产品更感兴趣时，你就要明白你的产品绝对有其他产品不具备的优势。通过和其他产品的比较找出这部分优势，然后在推销的过程中，注重突出这一点，就能够使目标客户群看到。如果你向客户就这方面内容介绍了很长时间之后，客户依然没有丝毫兴趣，那么你就可以断定，这个客户暂时不在目标客户群中。

客户选择你的产品而不是其他同类产品，就表示你或者你的产品有足够的亮点吸引他们，这个亮点就是市场中的竞争力。找出这个竞争力，并且进一步去完善它，这样不仅能够帮助你很快找出目标客户群，还能维系好和老客户之间的关系。

2.3.2 客户要求的服务有哪些

客户对服务的要求在一定程度上就是他们的需求，如果银行客户经理明白客户想要的服务有哪些，并且尽可能去达成，这样在与同行的竞争中，客户肯定就更加青睐你的产品了。

> **小·提示**：一般来说，客户对银行工作人员的服务有着多方面的要求。首先客户喜欢看到的是一个和气、谈吐自然、精神面貌比较好的人。大多数客户也喜欢诚实的业务员，如果确定自己的产品不能符合客户需求，就明白地提出来，等待下次合作。

但是有些业务员明明知道自己的产品和客户的要求有着很大差别，却还是想要通过隐瞒的方式来让客户购买。这样一来，很容易被客户看穿，即使客户听了你的话购买了产品，他在日后也会发现，最差的结果就是你可能会遭到客户的投诉，你和你所在的银行就会被客户拉进黑名单。

除此之外，银行客户经理必须要精通业务，做好充分的准备，对自己的产品有充分的了解，并且能够给客户讲清楚。例如，假设你是一个推销刀具的销售人员，当客户问这把刀子的好处在哪里，就回答很锋利；客户又问如何锋利，你说其是由某种材料做成的；当客户再问你这种材料有什么特点，你答不上来，只是一直强调这把刀很锋利。这个时候，客户对你肯定有些不满。所以，一个称职的销售人员应该完全清楚自己的产品，包括具体的小细节和优劣点。

明白客户想要的服务，在向客户推销自己的产品的时候，把能够满足客户需求的地方着重突显出来，这样客户就能很快确定你的产品就是他需要的，而不会因为你的介绍没有达到他们的期望，使他们再去竞争对手那里了解情况。

💡 **小·提示**：在客户看来，很多时候银行客户经理代表着银行。所以，如果银行客户经理只是强调自己想要表达的内容，对于客户想要知道的内容一直躲避或没有找到重点，那么在这个客户看来，这个银行整体的业务人员水平都是如此，那么可能以后合作的机会也会比较少了。

明白客户对服务的要求，并能够从中进行总结，那么就可以在一定程度上得出市场对产品的要求，在进行销售的时候，就会更容易把握住客户的痛点，从而完成推销。

2.3.3 客户的购买能力和潜力有多大

一个衣食不足的人不会去渴求钻石，因为一个人只有达到一定的购买能力，才会对产品进行直接购买。根据客户的购买能力，再结合其不同的侧重点，往往能够得出一个比较可靠的参考信息。

最好的客户群应该是那些具有购买能力和购买欲望的人，想要挣这些人的钱可能比较容易，只要知道他们的兴趣爱好就可以了。这些人往往有着很明显的标签，例如，他们工作的环境是高级写字楼，他们的穿着比较时尚等，这些客户的购买潜力非常大。

年龄在 26 岁以上的人往往更具有购买力，他们多数在公司刚崭露头角，拥有着一份不错的工作，购买欲也会比较强。尤其是那些 40 岁以上的人，他们往往已经积攒了不少积蓄，如何利用这些积蓄，使它们在工作的时候仍为自己增加收益是他们比较关注的地方。

有些客户虽然有购买力，但是没有购买欲望，像这种客户其实潜力就不太大。因为他们往往会对银行金融理财有些特殊看法，或者不想和这方面打太多交道。这样的话，即使客户经理把自己的产品夸上了天，他们也往往没有兴趣，反而会觉得受到了骚扰。

有些客户可能会有购买的欲望，但是没有实际的购买能力，对于这类客户，银行客户经理已经不能向他们推销理财类产品了，但可以结合其他情况，向他们推荐银行的其他业务。

还有一些客户属于没有购买能力，也没有购买欲望的，这些客户往往处于公司的底层，可能往往还会入不敷出，他们并不想要多花费一分钱。因此，这部分客户往往对你的产品不会感兴趣，客户经理不需要在这些客户身上浪费太多时间。

除去其他客观因素，客户的购买能力和潜力才是最关键的因素，这也是所有推销活动成功的前提。试想如果客户没有能力去购买你的产品，并且在未来一段时间也不会有所改变，那么这些客户即使再想要购买你的产品，其经济能力也是不支持的，你的推销便不会成功。

> 💡 **小·提示**：评估客户的购买能力和潜力，能够使客户经理在向一个客户推销之前就有一定的把握。如果这个客户并不具备一定能力就及时放弃；如果客户有一定的购买能力和潜力，就别轻易放弃，就要想办法激发出客户的购买欲。

2.4 高级理财经理是如何定位目标客户的

高级理财经理是银行客户经理中的一类高级岗位，其专门为客户提供理财业务服务。高级理财经理对于目标客户，往往会有一个很清晰的定位。这源于他们首先会对产品进行划分，这个划分依据的是收益和风险。在划分过产品之后，高级理财经理还会对客户进行风险承受能力和收益追求划分，最后结合客户的家庭生命周期给产品匹配好目标用户群。

2.4.1 根据收益与风险划分产品

银行的产品业务往往不是同等级的，银行会根据不同的人群设计不同的理财产品。客户在购买理财产品的时候，考虑最多的往往就是产品的收益与风险，因此在对这些产品进行分类的时候，就需要依据收益和风险这两个方面。

根据收益和风险，可以把产品划分为基本无风险的理财产品、较低风险的理财产品、中等风险的理财产品和高风险的理财产品，现在我们就来具体看一下这 4 种理财产品的详细内容。

1. 基本无风险的理财产品

基本无风险的理财产品，就是指那些风险程度比较低或者几乎可以忽略不计的产品。银行储蓄就是这样一种产品，因为具有国家信用保证，所以其具有最低的风险水平，但同时收益也比较低。投资人在银行保持一定的存款是为了保持其资金在市面上的流通率，满足人们的日常生活需求。

2. 较低风险的理财产品

较低风险的理财产品，就是指各种货币市场基金和偏债型基金，这类产品是在债券市场和同业拆借市场进行投资，这两个市场因为本身具有低风险和低收益的特点，再加上对于基金的进一步专业化和分散化的投资，就使得风险进一步下降了。

3. 中等风险的理财产品

中等风险的理财产品又包括以下（见图 2-4）3 种形态。

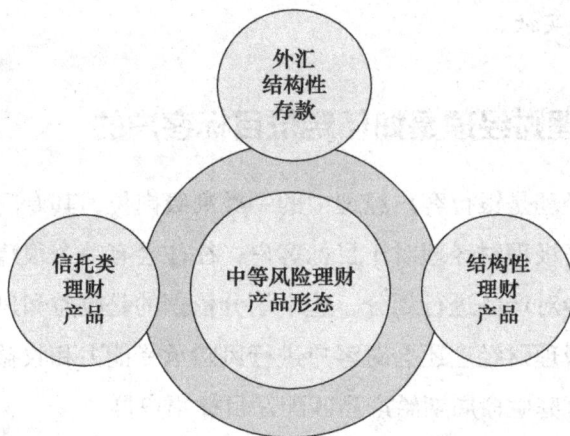

图 2-4　中等风险理财产品的 3 种形态

（1）信托类理财产品就是信托公司在向投资人募集到资金之后，由专家进行理财和管理，但是风险是由客户自担的。因此，客户在投资这类产品的时候，需要注意分析资金的去向和还款来源的可靠性以及信托公司自身声誉如何。

（2）外汇结构性存款作为金融行业的一个创新型产品，一般都是由几个金融产品组合而成。例如，外汇存款附加期权这样的组合。这类产品通常会有一个收益区间，客户在对这类产品进行投资的时候，需要承担收益率发生变化的风险。

（3）结构性理财产品与一些股票指数或某些股票挂钩，但是银行会有保本条款，而且这种理财产品的收益有可能会高于定期存款。

4. 高风险的理财产品

高风险的理财产品就是指那些风险比较高的理财产品，QDII（Qualified Domestic Institutional Investor，合格境内机构投资者）等理财产品就是这种类型。由于市场具有高风险，所以投资人需要具备很强的专业性知识，这样才会对国外资本市场和外汇有一个充分的了解。当然，这种产品得到的收益也是最高的。

2.4.2　根据风险承受能力与收益追求划分客户

一般来说，不同的客户会有不同的理财产品需求，因为产品的分类是由风险和收益两个方面决定的，把产品和客户进行对应时，也应该考虑两个方面，即客户的风险承受能力和收益追求。

理财者都想拥有高收益。但是高收益往往是和高风险并存的，并不是每个人都有魄力和决心购买高风险理财产品。因为这样只会带来两种结果，一种是收益翻番，另一种是损失惨重。

一般来说，越年轻的客户风险承受能力越强，他们往往能够承担较高的投资风险。中年阶段的客户虽然积累了一定的财富，但是财务负担比较重，因此风险承受能力稍微低些。较高年龄的人是高净值人群的主要构成部分，他们主要考虑的就是风险问题，他们的思想比较保守，宁愿少收益一些，也不能有太大风险。

依据风险承受能力和收益可以把客户划分成以下（见图 2-5）3 类。

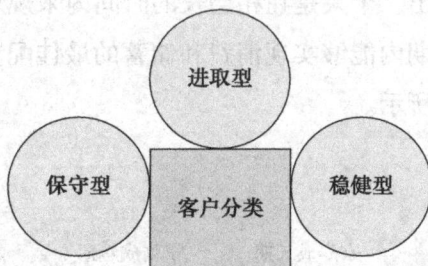

图 2-5　客户分类

1. 保守型

保守型客户就是指那些在资产管理方面比较保守的客户，他们只能接受那些比较低的风险，即使收益比较少也不会在意。

2. 进取型

进取型客户就是思想跳跃性比较大，进取的意识比较强，希望在短时间内尽可能收获高收益，能够接受一定时间内的负面波动，能够承担全部收益甚至是连本金都可能损失的风险。

3. 稳健型

稳健型客户是介于保守型和进取型之间的客户，通常会倾向一种平衡式的理财方式，喜欢投资那些具有成长性和收益性的产品，也能够接受一定的负面波动。一方面希望能够赚取更多的利益，另一方面又不希望自己承担太高的风险。

随着利率市场化和人们投资理财观念的增强，现在客户在银行的行为出现了改变。银行储蓄持续下降，其他的金融资产由于存款的挪动而得到不同程度的增长。银行理财类产品所占的比例在不断加大，目前已经接近两成。股票也一直在增长，但是由于2015年股市出现了异动，配置比例上和之前相比，有所下降。

不过，信托产品由于门槛比较高，收益也比较高，但由于其风险比较低，受到许多客户的欢迎。从总体来看，客户在理财上逐渐出现积极的态度，资产配置也逐渐多元化。

2.4.3 结合家庭生命周期匹配目标客户群

家庭生命周期指出，个人是在相当长的时间内来规划他的消费和储蓄行为的，在整个生命周期内能够实现消费和储蓄的最佳配置，而家庭生命周期的整个过程如图 2-6 所示。

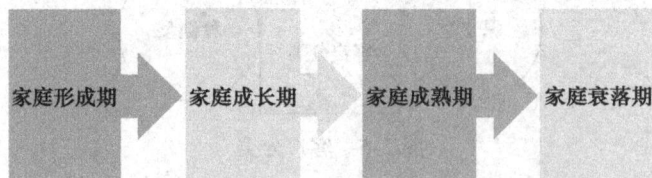

家庭形成期 ➡ 家庭成长期 ➡ 家庭成熟期 ➡ 家庭衰落期

图 2-6　家庭生命周期

1. 家庭形成期

家庭形成期也叫作家庭筑巢期。这个时期是指客户建立家庭的过程，一般都是 25~35 岁。这个时期客户的家庭支出面临着巨大的压力，一般都有较多的负债。从整个家庭周期来看，这个阶段的理财规划可能是最重要的。因为做好这一阶段的投资理财，就可以在以后根据家庭实际情况进行相对应的调整。

这个时期的规划往往会比较激进，因为人们处于人生的起步或迅速上升阶段，喜欢尝试新事物，也能够经得起失败，能够承担高风险的投资，往往更看重较高的收益。

2. 家庭成长期

家庭成长期主要是指孩子从出生到完成学业的这个阶段。对于家庭来说，一个最明显的特征就是家庭成员增加，家庭负担加重，各种生活支出和教育支出会比较大，因此这个时期的客户往往会比较重视理财规划。

虽然这个时期家庭的收入得到增加，支出也相对稳定，家庭也积累了一定的财富。但是由于生活负担的加重，他们的抗风险能力也在减弱，投资理财讲究的是在稳中求进，他们不喜欢追求冒进，教育经费是他们经常考虑的一部分。

3. 家庭成熟期

家庭成熟期又被称为离巢期，是指子女完成了学业，夫妻也已经退休。最明显的特征就是家庭数量随着子女的独立也在减少，事业的发展到达一个顶峰时期，但是家庭的支出随着家庭成员的减少而减少，资产能够达到最高峰。

这个时期的客户往往会对以前的理财规划做出调整。由于孩子已经长大成人，已经不需要再考虑教育经费，但是会考虑到孩子的婚房问题和创业资金问题，更会考虑到养老金等问题。

4. 家庭衰落期

家庭衰落期也被称为空巢期。家庭中的夫妻二人均已退休，并且二人中可能有一人已经过世。家庭收入较退休前减少很多，除了养老金之外，理财收入以及转移性收入占主要部分。在支出方面，休闲和医疗费用逐步增加，总体情况是支出大于收入。这个时期的客户往往会把理财重点放在医疗保险和财产继承方面，他们的投资规划更加保守。

小·提示：之所以要根据生命周期进行目标客户群匹配，是因为处于不同家庭生命周期的人，往往会有不同的需求。

第 3 章
客户信息收集与选择

银行客户经理如果想要找出目标客户群，首先需要收集客户的信息，一般可以采用陌生拜访寻找客户，还可以通过相关的第三方渠道，如通过报纸、广告等媒介以及其他可能的方式获取，只要能够发现一定的客户信息，对于客户经理来说，都是一种好方式。

3.1　陌生拜访寻找客户

陌生式拜访属于最基本的方法，适用于刚刚入行的客户经理，虽然过程比较苦难，但是却十分有效。虽然是陌生式的拜访，但是客户经理还是需要提前做好准备，让客户感到诚意以及知道你是有备而来的。然后在交谈的过程中拉近与客户之间的距离，并留下客户的联系方式，以便之后做大批量的拜访。

3.1.1　准备好业务简介等资料

客户经理在正式拜访陌生客户之前，需要做好准备工作，把自己想要向客户推销的业务资料准备齐全，并且提前规划好怎样向客户介绍这些业务才能推销成功。

> **小·提示**：不打无准备之战，如果没有做好准备就不要去拜访客户。否则到时候客户有疑问或者需要查看具体的资料，你一时拿不出来，就会给客户留下你很不专业的印象，往往会不利于进一步沟通。

客户经理在正式拜访客户之前，准备好业务简介和各项说明等业务资料是一个最基本的工作，也是工作顺利进行的保障。当客户对你推荐的贷款或是理财产品有些兴趣时，会主动向你要关于那部分的相关资料，这个时候如果你告诉客户说"没有"或者是"忘记带了"，可想而知，客户对你的服务是不会满意的。即使他们有想要贷款或是办理业务的欲望，也不会通过你，因为他们觉得你并不靠谱。

在准备的资料中，除了那些业务的详细介绍，最好有一些是关于之前的客户通过办理你们的业务获得了想要的结果的案例。有时候客户可能会有一点动心，但是由于对你不熟悉，不能完全信任你，往往会处于犹豫的状态。如果一直催促客户让他办理业务，很有可能会带来相反的效果。这个时候，客户经理就可以给客户讲一下之前的一些案例，并且拿出相关的数据给客户看。有了成功的例子，客户就会觉得产品可靠性比较强，成功率自然就会比较高了。

准备好的资料虽然不一定能绝对用上，但是做好这些准备工作却是必需的。除了准备业务简介等资料外，客户经理最好也做好心理准备，预测可能会发生的状况，这样才会在意外发生时不慌张。

3.1.2　与客户交谈拉近关系

在推销的过程中，与客户交谈是不可避免的事情，而交谈也是一个拉近与客户之间距离的好办法。业务人员掌握一定的谈话技巧，与客户进行一场愉快的交谈，获得客户的好感才更容易推销成功。

首先，在态度上，业务人员既不能过于恭维客户也不能过于傲慢，这两种情况都会给客户留下非常差的印象，往往你还没有说完，可能客户就已经听不下去了。在和客户交谈的时候，保持正常的情绪状态，不卑不亢，既不过于讨好客户，也不轻视客户。

在与客户进行交谈的过程中，为了能够让客户感到亲切，应该多说"我们"，少说"我"。因为当客户经理在说"我们"的时候，往往会让客户有一种心理暗示，那就是你和他是站在一个立场上的。虽然"我们"比"我"只是多出了一个字，但是在客户看来却十分亲切。

在交谈过程中，如果客户有了什么样的要求，应及时记下来。业务人员最好能够随身携带笔记本，这样在拜访时就能够随时记下一些内容，包括客户的需求、答应客户的事情以及下一次来拜访的时间。而且当客户有了某种要求一时不能解决时，虔诚地记下来，这会让客户感到自己被重视，这比客户给你反映了一些情况，你随口告诉他回去帮他看一下的效果要好得多。

当你们的谈话风格保持一致时，也能拉近和客户之间的距离。有些客户经理虽然比较有经验，思路比较敏捷，也很会说话，但是由于不顾实际情况对谁都采取这种模式很容易引起客户反感。但若是能够根据不同的客户，调整自己讲话的语速和风格，就能和不同的客户打好交道。

小·提示：想要和客户拉近距离，客户经理的外在形象也很重要。西装革履公文包是很多推销人员的装扮，能够体现公司的形象，虽然比较正式，但并不适合所有的拜访对象。因为一旦你和客户的着装反差过大，就会使客户感到不自在，这在无形之中就会拉大双方的距离。

3.1.3 留下客户的联系方式

客户刚来到银行办理业务的时候，往往不可能一下子洽谈成功，这时需要我们留下客户的联系方式方便以后联系。但是由于害怕泄露隐私或被骚扰，客户往往不愿意轻易地把联系方式给别人。对于这种情况，客户经理就应该掌握一些小技巧，把客户的联系方式留下来。

（1）客户经理可以在刚坐下要商讨银行产品的时候就向客户索要电话号码或微信号码，因为大多数人都会有一种惰性，一旦坐下之后，如果没有太要紧的事情，往往不会很快站起来。因此，在向客户介绍产品之后，就要拿出号码记录本让客户去填写。记录本上最好要有之前客户留下的一大串手机号，这会给客户一个心理暗示，因为人都是有从众心理的。

（2）在客户表现出有购买理财产品的意向之后再进行索要，例如，当客户对某个理财业务有些兴趣，并且询问是否有优惠时，这往往就代表着他们有很大的办理欲望，这个时候就询问他们是否想好了，当得出肯定答案之后，再让客户留下联系方式，想必这个时候也会比较顺利。

（3）客户经理也可以利用一些"有优惠活动会通知客户"之类的方式留

下客户的手机号，例如，在谈话结束的时候，即使客户没有购买理财产品的需求，你也可以告诉客户你们银行正在进行的一种优惠活动，对有意向的客户会有一个抽奖活动，中奖者会有礼品相送，这样也会增加客户留下联系方式的可能性。

（4）当然，如果和客户交谈得很顺利，询问客户的联系方式就更容易了。只需要在结束的时候，告诉客户需要他们的联系方式以便随时沟通，如果有什么问题可以在第一时间通知他们，想必他们也不会拒绝。

3.1.4 进行大批量拜访

与陌生客户打交道，过程往往并不那么顺利，成功率也不会很高，一次两次可能并不会成功推销出产品，客户经理应该做好大批量地拜访客户的准备。

我们都知道，推销活动对于客户来说，成功率并不是很高，即使积攒了很多经验，对一些老客户进行产品推销，也都有被拒绝的可能性，更何况是面对一个陌生的客户呢？陌生客户对你并不熟悉，信任感也无从谈起，自然不会在听了你的介绍之后就购买你的产品。

大批量地拜访不同的陌生人可以在最大程度上，获得更多购买产品的客户信息。我们都知道，推销产品的成功率一般不会太高，而且想要提升这个成功率还比较困难。这个时候想要获得更多的订单，就需要把数量扩大，即大量拜访不同的陌生人。这样在基数很大的情况下，即使成功率比较低，也会有一个不错的业绩。

对于那些潜在的目标用户群，也可以进行大量的拜访。有时候客户可能有一定的购买欲望，但是仍在犹豫当中，如果你拜访了一两次后没有成功，但是明显感觉客户有一定动摇，那么这个时候不要放弃，多拜访客户几次，说不定客户就同意购买你的产品了。

小·提示： 对于客户经理来说，不可能总和老客户打交道，与陌生客户洽谈也占很重要的一部分。然而陌生客户并不像老客户那样容易推销，你要做的就是把陌生客户变成老客户。

对于一些陌生客户来说，即使他们有这方面的需求，但是由于和你不熟悉，并不会愿意购买你的产品。这个时候你要做的就是多拜访客户，而每次拜访的时候可以不谈及工作的事情，像朋友一样相处。这样慢慢熟悉之后，再向客户推荐你的产品，客户因为对你产生了更多的信任，自然更容易对你的产品产生信任了。

实际上，这种由生活日常开始和客户建立多种联系，把客户变成自己的老客户是很多销售人员所采取的方法，并且也是效果比较好的一种方法。所以无论如何，对客户进行大批量的拜访，拉近和客户之间的关系，是客户购买产品的一个重要保障。

3.2 通过相关第三方寻找客户

对于客户经理来说，想要向客户进行推销，第一步就是找出这些目标客户群。通过相关的第三方途径，可以发现有效的目标客户群。例如，鼓励现有的客户推荐其他客户，进而通过现有客户找到关联客户，案例模仿寻找同类客户。

3.2.1 鼓励现有客户推荐其他客户

客户经理可以通过现有客户找到关联客户，可以采取鼓励的方式获得新的客户信息。这种连锁式的开拓客户的方法非常适用于那些已经有了一定业务基础、掌握了一定的技能并且需要进一步拓展客户群的成熟的客户经理。

利用现有的客户去推荐新的客户，有一个前提是，你能够得到现有客户的足够认同。只有这样，现有客户才会愿意帮助你营销到关联客户。而想让现有客户对你足够认同，凭借的无非就是你个人的魅力与你所营销的产品。

所以，这在一定程度上又回归到了本质的问题上，那就是提高个人营销水平，凭借着个人魅力得到一批忠实客户。这些内容都是一个成熟的客户应该做的，而且是必须具备的条件。

地毯式地广撒网，这样成功率并不会很高，找到的客户也并不会很精准。但是如果通过现有客户的推荐得到客户，不仅精准度比较高，成功率也会比较高，这种方式也可以叫作顺藤摸瓜。

即使你和现有客户有一个比较好的关系，但是想让他们主动推荐一些关联客户，他们可能会想不到，这时客户经理应该采取鼓励的方式。自己在发现现有客户的一些关联客户后，就鼓励现有客户进行引荐，相信这并不会引起太多人的反感，而一旦引荐成功，使关联客户变成真实客户的可能性也会比较大。

某位客户经理有一个比较熟悉的贷款客户，这个贷款客户来自于一个大型化工企业。有一次这个客户经理在做贷后检查时，发现资金的主要流向是一个原料供应商。当时这个客户经理就觉得这个客户可能会成为银行的客户，可以向他推荐某项资金理财。

于是，这位客户经理就请他的贷款客户帮他引荐，并告诉他如果能够合作成功，就能够有效地保证客户的原料供应，这是一个合作共赢的事情。这位客户很感兴趣，就亲自带他去见了那位新客户，而这位新客户也成功地成为客户经理的优质客户。

所以，在现有客户的基础上，发现其相关的优质客户，并通过现有客户去引荐，有了现有客户的关系，在很大程度上会使关联客户成为自己的新客户。当然，得到的这位新客户也可以在以后为自己引荐其他客户，从而使客户经理的客户得到滚雪球式的增长。

3.2.2　案例模仿寻找同类客户

吸取教训、总结经验往往能够使客户经理更容易推销成功，案例模仿对于资质比较浅的客户经理来说就是一个非常不错的推销方式。案例模仿能够帮助客户经理在有效的时间里，更有针对性地寻找客户。

成功案例往往都具有一定的学习价值，有些成功的案例甚至是在一次次失败之后才取得的，因此对于经验比较少的客户经理来说，了解了大量案例，就可以避免一些明显的错误，加大成功的可能性。

小·提示：客户经理在研究成功案例进行复制模仿的时候，需要深入研究，在营销的时候充分研究银行的产品，同时根据这款产品在确定的行业和确定的客户范围内寻找相关客户，同时还要形成自己的品牌。

在对客户进行拜访之前，应该先评估一下，看银行是否能够接受这样的客户，或者用什么样的产品和这样的客户建立合作，银行能够从中获得什么，这个行业是否有过同类客户的先例。如果答案都是肯定的，那么这样的成功率就比较高。

通过案例模仿寻找银行同类客户，在一定程度上能够节省客户经理的营销成本和营销时间，因为案例可以告诉客户经理直接避免哪些陷阱、怎样才能更有效地抓住客户的心以及更加有针对性地进行营销。而且因为商业价值比较可靠，很容易被同类的客户接受，并且能够取消竞争者领先于自己的产品的影响。

但是，案例模仿也会存在着一些弊端，银行的成功案例都是一些资深客户经理的营销成果，是在投入了大量的时间和精力之后得到的成果。因此需要和这些资深客户经理搞好关系，得到他们的指点。但是想要和这些资深的客户经理搞好关系，获得他们几十年的经验，恐怕不是一件容易的事情。因此，成功案例的获得其实并不容易。

另外，银行的这些成功案例本身就具有一定的局限性，可能只适用于这个行业的某类型的客户，甚至是某种性格的客户。在他身上可行，并不代表在这个行业的其他人身上也可行。案例中的客户对你的产品感兴趣，也并不代表其他人对你的产品也感兴趣。

但是，总体来说，通过案例模仿是可以为自己提供一些经验的。我们在利用这些成功案例的时候，需要灵活运用，只有加上具体情况的分析，才能够使成功性加大。

3.3 通过报纸、广告等媒体收集信息

除了从现实生活中寻找客户，在报纸、广告媒体上也可以搜索到一定的信息。这就要求客户经理时刻关注行业性报纸、网站、微信公众号，最好能够养成每天看新闻的习惯，从新闻中发现有用的信息。

3.3.1 关注行业性报纸、网站、微信公众号

媒体使得信息传播的速度加快，传播的范围也更加宽广。时常关注一些

行业性报纸、网站和微信公众号等，就可以发现一些潜在客户群。

一般财经类的报纸需要时刻关注，如《中国证券报》《经济日报》《上海证券报》以及客户经理本地的一些重要报纸，尤其是刊登公司介绍的报纸都十分重要。除此之外，上面的广告也应该格外留意。

一些比较重要的工商管理方面的公告也是一项重要资源，如某些企业资格的公布，或者某个企业获得某项管理质量认证方面的信息。这些信息能够让客户经理了解到一些不错的刚崛起的企业，尽早地去和这些企业打交道，成功率也会增强。

💡 **小·提示：**要关注一些行业协会公布的、房地产行业协会公布的、商务部公布的一些名录，这些名录中的企业往往具有某些特色，如果能够使这些客户变成银行的真实客户，他们就会成为银行优质客户中的一部分。

招商银行曾经利用微博获得了许多人的关注，而且客户经理也参与了其中。招商银行在各个部门开设了一些专门的微博，以方便解答网友针对业务等方面的疑问，有几十名工作人员与网友一对一地进行沟通。在网络上能够找到的客户范围比较广，数量也比较多，再加上客户去主动找你咨询问题，那么就会有很大的可能使这位客户变成自己银行的客户。这样一来，寻找客户的方式不仅便捷了很多，效率也得到了提高。

除此之外，微信公众号也是寻找资源的重要方式。现在很多微信公众号都有明确的分类，关注一些与此相关的微信公众号，就可以每天接收到一些相关的企业信息，对这些信息进行挑选，也可以从中发现优质客户。

行业性报纸、网站等都会有大量相关的优质企业的内容，通过关注行业性报纸或者网络媒体就可以很容易找出这些内容，获取相关企业信息，再通过后续的推销工作，针对性地向它们推荐银行产品，成功的可能性自然就很高。

3.3.2 养成每天看一个小时新闻的习惯

在关注了相关行业的报纸和网站之后，想要从中获得有用的信息并不是那么容易的，自己应该养成每天至少看一个小时的新闻的习惯，这样才能获得更多的有用信息。

在传统媒体和新媒体上面，每天传播的信息有很多，有些内容是有用的，但是有些内容对于客户经理来说，却没有什么价值。而且一般来说，那些有价值的内容所占比例更小，客户经理需要在海量的信息中得到自己的东西，就需要花费大量的时间去寻找。

对于一些企业来说，尤其是那些比较重要的企业，它们一旦有什么事件发生都会及时地进行新闻报道，所以客户经理想要找取一些有价值的客户，就需要花时间去浏览企业新闻。

客户经理每天花一个小时的时间来浏览新闻，是一个比较明智的选择。有些人可能会觉得，既然这种途径找到客户来源的概率比较高，那么不如多花点时间通过这个途径来寻找。其实这个观点是错误的。因为从新闻中发现有用信息并不是一朝一夕就能实现的，可能客户经理浏览了一个星期都没有发现合适的客户，这也是很有可能发生的。

> **小·提示**：最好的办法应该是多渠道，把这种新闻资料的方式当成一种辅助的方式，最主要的还是通过其他途径认识一些客户，然后利用客户的关系引荐其他的客户，通过各种渠道和方式得到的客户信息才是最全面的。

3.3.3 从新闻中发现有用信息

之所以要关注行业性的报纸和网站，并提出每天一个小时阅读新闻的习惯，就是为了让自己在新闻中发现有用的信息，为自己的推销行为带来成功的可能性。

互联网时代使得信息泛滥化，无论是什么样的信息都可以通过媒体获得，这在一方面可以使自己迅速找到许多相关信息，但另一方面也使得甄选任务加重，从中挑选出对自己有用的信息就比较困难了。

为了能够从新闻中发现对自己有用的信息，除了需要每天进行筛选工作之外，最重要的是关注的侧重点。客户经理不可能把重点放在娱乐花边新闻上或国际政治新闻上，其重点应该是财经类新闻，带有大量企业资源的新闻。这些新闻往往能够从侧面反映出某个企业的重要性或者需求，客户经理在敏锐地嗅到这一信息后，把目标对准这些企业，往往会使这些企业变成银行的优质客户。

除了关注一些新闻内容外，还可以关注新闻上插入的广告。有些有实力的企业会在一些媒体上做广告，而从这些广告所占用的版面大小和广告内容中，客户经理就可以大致判断出这个企业有怎样的实力，是不是能够成为自己的客户。

有一位客户经理，每天都会看《北京青年报》，其中的广告栏经常会有企业招人，而这些内容就成为他寻找客户的资源。因为在《北京青年报》上刊登大幅版面去招人的企业是比较有实力的。这个方法虽然有些盲目，但成功率提高不少。

但是这种方式的缺点也很明显，因为单靠这种方式了解客户，对客户并不会有太多认识，盲目地去向这些企业进行推销，这些企业很有可能是不被银行接受的，这显然就是做了无用功。

所以，对于客户经理来说，在关注了相关的一些报纸、网站等媒体之后，就需要花时间从中找取和自己有关的信息，并从中再寻找有价值的内容，这样才能够使得到的客户更加精准。

3.4 筛选客户的其他方式

除了通过第三方渠道和媒体渠道寻找客户之外，还可以通过其他方式来获得客户。例如，从客户经理自身的朋友圈寻找，也可以从行业公开的名录中去寻找，或者通过展会积累客户的资源。

3.4.1 从朋友圈入手找客户

客户经理可以通过个人朋友圈来寻找客户，朋友圈其实就是一个人际关系圈，包括家人、商会、同行中的竞争对手、线人等圈子，这些人的关系圈给客户经理提供的客户更有可能成为银行目标客户。

为了使朋友圈发挥作用，首先应该做的工作就是拉关系。当有些事情办得并不顺利的时候，我们就会感叹如果能够认识一些能办事的人该多好。你不认识，不代表你不能认识，通过梳理自己的人际关系网，你就会发现可以和很多人有联系。

对自己的人际关系做梳理后你就会发现，亲戚关系不仅可以是自己的亲戚，也可以是配偶的亲戚、朋友的亲戚和亲戚的亲戚。朋友关系包括自己的朋友、配偶的朋友、亲戚的朋友和朋友的朋友等。同事关系包括自己的同事、配偶的同事、之前的同事等。除此之外，还有我们的客户关系，客户关系也可以进行再细分。

客户经理通过对自己朋友圈的深挖，有时候就会得到惊喜，发现原来自己身边的人竟然认识这么一位大人物，而这个大人物很有可能需要自己银行的产品。当想去拜访这位客户的时候，就可以通过身边人的引荐去拜访。这样就避免了直接推销的尴尬，使客户对客户经理有一个好的印象。成为朋友之后再进行产品推销，推销行为就很容易成功了。

当然，想要通过朋友圈的人际关系认识一位客户，在刚开始最重要的还是促进二者之间的感情，可以说这是推销活动中最重要的准备工作。曾经有一位比较成功的客户经理这样说过，一个月内他会有二十几天去建立和客户之间的感情，只利用几天的时间来和客户谈产品。原因就在于只有和客户熟悉了之后，甚至成为朋友之后，客户才会对你更加信赖。

小提示：很多时候，客户经理与客户并没有直接的联系，但是留心自己的朋友圈，经过一层层的分析就很有可能会发现，你和客户之间还是有那么一缕关系的，抓住这一缕关系，增进与客户之间的感情，会非常有利于推销行为。

3.4.2 查看行业公开名录

查看行业公开名录也是一种迅速找到客户的方式，客户经理可以下载和安装一款行业名录搜索类的软件，在网络上查看行业公开名录。

在下载和安装软件的时候，注意挑选一款专业的行业名录搜索软件，这样得到的数据才会真实而全面。如卓迅这款软件，在注册账号之后，就可以正式进行操作，软件中有多家网站可以用来搜索，能够覆盖全国地区的所有行业，企业名录量可以称得上海量。

当然，这里的行业名录是包含各个行业的，针对的是不同的需求，客户经理需要的只是其中一部分信息，这时只需要根据一定筛选条件就可以迅速找到自己所需的内容，或者进行自定义筛选，只要输入常用的关键字，就可以过滤出想要的信息。

搜索速度提升了，效率自然就提高了，人工查找速度远不及在网上寻找。网上搜索可以达到每小时几千条信息，这是人工办不到的。因此，建议适时利用网络手段，提升自己的工作效率。

当查找出的名录是客户经理所需求的，这个时候就可以据此寻找相关负责人的联系方式了。利用软件可以对筛选出来的名录再次进行筛选，导出其中的总经理、厂长等相关负责人的联系方式。

通过以上步骤，查找出的行业名录就已经很精准了，甚至可以说是客户经理完全想要的，并且只花费很少的时间，完成的效率非常高。其实查找名录的方式也不仅是这一种，找到适合自己的才是最好的。

当然，软件并不足够智能，对一些内容的辨识度可能没有那么高，对于一些大名录可能会有一些重复的情况，客户经理发现有重复的内容后，进行删除操作就可以了。

3.4.3 通过展会积累客户资源

银行一般都会定期举办一些展会，也可以称之为产品说明会。银行开办的展会是银行以展示自己的产品为目的，创造一个与客户直接面对面沟通的机会。

在展会上会聚集许多客户，客户经理拥有与许多潜在客户或现有客户进行直接交流的机会，而且在这个短暂的时间里，能够获得的客户资源可能会比以往奔波了一个月找到的客户资源还要多。

在展会中，银行会用一些比较专业的方式来介绍本行业的产品，这比客户经理自己介绍产品的效果要好得多。客户经理单独与客户沟通的最好时机就是在会议的间歇或吃饭期间。因此，业务人员一定要好好利用这个机会，跟客户建立互信的关系，并且全面地收集客户的信息。在收集的过程中，还要做好产品的介绍和宣传，这是为了能够挖掘客户深层次的需求。

展会中虽然会有许多企业来参与，但是并不是每一个都能成为潜在客户，客户经理不能眉毛胡子一把抓，要有重点、有针对性地进行交谈，判断哪些企业最有可能成为潜在客户，和它们在展会中拉近距离。

展会是一个开放的交流平台，不仅能够吸引眼球，还能够提供多样化的选择，客户经理在产品展示的过程中，可以相互配合树立良好形象，使企业对你的银行和银行产品产生好感。

客户经理在展会上展现的热情友好的态度是与陌生客户之间的润滑剂，往往会有客户因为你的态度而乐意与你接近。细节上的把握也很重要，处理好细节，才能够使客户对你和产品更加满意。

当客户并没有注意到你时，你要学会掌握主动权，可以主动向客户介绍产品的其他内容，作为一个补充。在和客户交谈的时候应该迅速去捕捉他的需求，最后亮出自己的王牌。

小·提示： 在展会上认识客户有助于建立双方的互信关系，而且银行会以更加专业的方式去介绍和宣传产品。这种方式虽然不错，但客户经理也不应该把希望全部寄托于此，因为展会并不经常有，而且有的客户不一定有时间去参加。

第 4 章
与客户进行业务谈判

在找到相关客户的信息后，客户经理就可以采取上门的形式进行业务谈判。除了要在谈判之前做足准备，客户经理还需要掌握一定的谈判策略，这样才能使谈判的成功率进一步加大。

4.1 谈判前的准备

在正式的谈判前，充足的准备工作很有必要，客户经理可以先提前和客户进行预约，以免打扰到客户。然后着手准备充足的业务资料、明确谈判的目标、给自己设置底线。只有准备充足，才能在谈判的时候灵活应对各种状况，防止意外的发生。

4.1.1 与客户提前预约

银行客户经理的基本功之一就是与客户进行业务谈判。而与客户提前预约是业务谈判准备工作中最重要的一个环节，这也是一种交往礼貌。这不仅能够增进感情，为自身建立良好的关系网络，对于提升公司的形象也有帮助。

1. 准备阶段

提前预约能使你对接下来的谈判有所计划，并做好充足的准备。首先是心理准备。你要认识到，你拨打的每一个电话都可能是你的转折点，要有一个认真与积极的态度。其次是内容准备工作。要了解客户的需求，找到客户的兴趣所在，并提前进行谈判演练，以便谈话时自如应对，体现自身的专业素养。你要对客户的基本信息有全面的了解，并提前准备谈话内容及可能出现的问题，最好先列出几条内容的重点，写在你手边的纸张上，以防止在谈话过程中偏离目的。

2. 实施阶段

第一次联系客户时，尽量在清净人少的环境中，并考虑对方的时间。一般往客户家中打电话，以晚餐过后或双休日为好，不要在早上 8 点之前或晚上 10 点以后，此时的客户有可能正赶着上班或准备休息，不利于谈话的展开。而往办公室打电话，应在上午 10 点或下午 2~3 点。但要注意控制通话时间，适可而止，言简意赅，以免占线时间过长而造成不便。

电话接通后，首先需要向客户问好，进行自我介绍，让客户了解你的身份，从而使其放下戒心与你进行更好的沟通。然后，简单表明来意，确认对方的身份，礼貌地征询客户是否方便接听，语气礼貌而坚定，给客户受重视的感觉。需要注意的是在谈话过程中态度一定要诚恳，语言要简洁明了，富有条理性。词不达意或长时间的啰唆，容易让对方产生反感。此外，你一定要面带微笑，声音亲切愉悦，让客户感到舒适。如果谈话过程顺利，并约定好了见面日期，那么在结束电话之时，要记住向客户致谢，并在最后复述见面时间。

李明是一家银行的客户经理，有一天他的一个客户没有按照约定的时间到银行办理业务。李明给他打电话。

"您好，我是李明，半个月前跟您联系过一次，您说您今天来我们银行办理业务的。您怎么没来呢？"

"李明？哪个李明啊？对不起，我实在不记得了。"

以上这个例子，就是因为时间间隔过长而导致的客户对于邀约的遗忘，最终使得预约失败，前功尽弃。对于首次预约，提前 7 天提出邀约是最恰当的。联系的间隔不要过于稀松，间隔时间一般不超过 1~2 天，间隔时间太长容易让人产生疲劳或松懈的感觉。在约定的前一天，你需要再一次跟客户确认时间，提醒客户，防止临时的变动。此外，一定要等客户先挂断电话，以示对客户的尊重。

💡 **小·提示**：客户预约是你给客户留下的第一印象。这个印象将直接影响客户对你的态度、看法，这也是谈判成功的第一步。只有将每一步走得稳妥，才能在最终的谈判桌上取得自己想要的利益。

4.1.2 明确谈判的最终目标

谈判成功的基础是使客户与你互利互赢，达成共识。所以，我们不能简单地以竞争胜负来看待谈判的结果，而应把谈判看作一种合作，一个互惠互利的事情。只有基于对谈判目标的正确树立，我们才能在彼此追求共同利益的过程中达到自己的目标，才能使计划得以顺利实施。

那么如何设定目标呢？

首先，我们要竭尽全力留心了解客户的信息。在谈判之前，我们需要探清对方需要，对症下药，为客户制订确实可行的理财计划和目标。从各方各面收集客户信息，及时掌握客户动态。根据实际情况，提出多种选择方案，让客户从中确定一个最佳方案。有了多种应付方案，在谈判时就会让你有更多商讨的余地和可能。同时，你掌握的信息越多，你的最佳选择越可行，越切合实际，你就越容易打动客户，从而成功地实现谈判目标。

其次，我们要清楚自己谈判的底线以及对手在这次谈判中的目标。明确你与客户双方的谈判目标之后，要对其中利益的相同点和矛盾点进行对比分析，以便制订出相应的策略战术来化解分歧。

一次，在银行做客户经理的王曼接待一位客户。这个客户手上有 20 万元现金，打算选择一款理财产品。那么价格 20 万元就是她的目标，但是在实际说服的过程中，王曼通过多种方式，最终使客户购买了 30 万元的理财产品。

因此，要想使谈判取得成功，必须使你的谈判目标清晰，主次分明，有条有理。谈判时，只要不影响主要目标，就可以适当地做一定程度的选择或让步。所以谈判之前，就要考虑周全哪些部分是可以让步的，哪些部分是可以妥协的。因此，谈判前做好充分准备，才能胸有成竹地坐在谈判桌前与对方就共同感兴趣的事情讨价还价，达到事半功倍的效果。

小·提示：我们可以将谈判目标依次列出 3 个层次：必须达到的目标、期望达成的目标和乐于达到的目标。在谈判过程中，乐于达成的目标，可以根据谈判的需要适当放弃；期望达到的目标在迫不得已的情况下才考虑放弃；而必须达到的目标是谈判的底线，毫无讨价还价的余地，即使谈判破裂也不能放弃这个目标。

只有明确主要目标与次要目标，以自己的目标为中心展开谈判，才能避免在谈判过程中顾此失彼，迷失初衷。

4.1.3 给出一个价格底线

人是一种感性的动物。在银行的谈判桌上，身为客户经理的你很容易受到情绪的影响，脑子一热就对客户让步，事后追悔莫及。因此，最重要的是在明确谈判目标之后，守住价格目标，给价格设置一个底线。一旦疏忽大意透露出自己的最低谈判目标，就会使自己陷于被动，只能任由对方"宰割"。所以，在谈判中取胜的关键就在于将谈判的目标牢牢铭记在心里，控制自己复杂多变的情绪，给谈判留有回旋的余地。

银行经理张大鹏曾接待过一对张氏夫妇。他们经营一家小超市十余年，每个月的净利润能达到 4 万元左右。经过多年辛勤，他们积攒了约 140 万元的财产。随着理财的人越来越多，张氏夫妇身边也有不少朋友利用闲钱购买了理财产品，于是，他们也打算利用几万元闲钱尝试着做理财。

张氏夫妇来到一家银行，银行客户经理王经理接待了他们。王经理在了解了张氏夫妇的情况之后，为他们推荐了一款 5 万元、10 万元、20 万元的理财产品，这些理财产品操作起来简单，而且风险比较小，收益也算可观。张氏夫妇原本是要投 5 万元的理财产品的，王经理刚开始并没有提出任何反驳意见，而是仔细介绍了 5 万元的理财产品之后，又陆续给他们介绍了 10 万元和 20 万元的理财产品。

王经理的谈判目标是让张氏夫妇购买 10 万元的理财产品，毕竟 20 万元的理财产品对初次接触理财产品的张氏夫妇来说几乎是不可能接受的，10 万元的目标虽然有些难度，但是仍在张氏夫妇的接受范围内。所以，王经理在介绍这三类理财产品时，总是时不时地利用其他两种衬托 10 万元理财产品的优势，例如，20 万元的理财产品有一定的风险性，5 万元的理财产品收益低等。虽然张氏夫妇在前期一直坚持购买 5 万元的理财产品，但是在王经理的一再游说下，最终张氏夫妇购买了 20 万元的理财产品。

上面的案例说明，你需要严格守住谈判前的目标，保持始终如一的坚定态度。

身为银行客户经理，你要对价格目录做到心中有数，并根据之前确定好的上、中、下 3 类目标，随着谈判实际情况变化而有弹性地调整目标。

4.1.4　准备充分的业务资料

做事之前要有准备，才能事半功倍。作为客户经理，在谈判前必须准备充足的业务材料，才能做到胸有成竹，达到更好的预期效果。

孙帅是某银行的客户经理，一次他与一位客户约好进行面谈。在面谈的过程中，客户向他了解银行相关产品的情况，他一时语塞，又忘记带该产品的相关资料，解释了半天，客户也没弄清楚他说了什么，最后客户生气地走了。银行少了一份收益，而他自己也受到了部门的批评。究其原因，就是因为孙帅在与客户交流前没把资料准备全。由此可见准备充足资料的重要性。

那么，客户经理在谈判前，应该准备什么样的业务资料呢？其内容如图 4-1 所示。

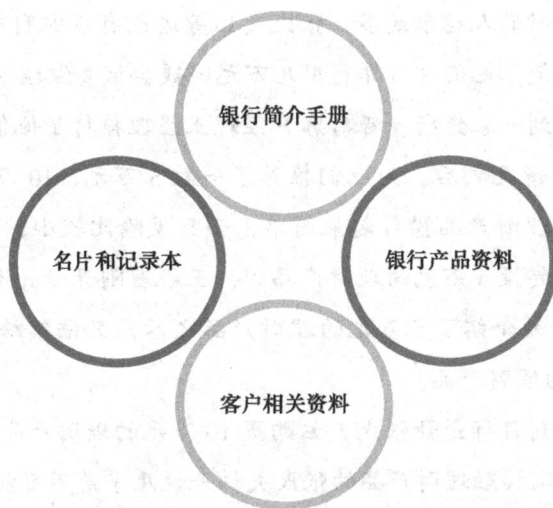

图 4-1　客户经理面谈前业务资料

1. 银行简介手册

银行简介手册能让客户了解银行的经营情况、行业排名以及信用度，方便客户做出选择。

2. 银行产品资料

在面谈前，客户经理要准备好自己所在银行相关产品的资料及同类银行相关产品的资料。客户有权利了解相关产品，而帮助客户了解产品的相关知识，是作为客户经理的义不容辞的责任。有对比，才有选择。要想使客户选择你银行的产品，就也要准备竞争对手的产品。这样客户在了解你银行产品的同时，对同类银行的情况也有所了解，然后你再重点突出自己产品的优势，让客户下决心购买。

3. 客户相关资料

在见客户之前，要先掌握客户的实际情况。只有深入了解客户的需求，才能对症下药，成功说服客户购买产品。

4. 名片和记录本

名片是了解一个人基本状况的最直接资料。银行经理在与客户面谈时，拿出名片，会让客户产生信任感，从而愿意交谈。而记录本则可以随时记录客户反馈的信息，从而了解客户需求，进而对产品或服务加以完善。

> **小提示**：凡事预则立，不预则废。也就是说，做事之前你要有充足的准备，才能在事情到来之时临危不乱。作为客户经理，准备好充分的业务资料是首要任务。不要像上文提到的孙帅一样，犯本不该犯的错误，白白失去一次产品推销的机会。

谈判前的准备是与客户进行谈判的前提。工欲善其事，必先利其器。我们只有提前准备好，才能取得最后的成功。

4.2 四大谈判策略

在和客户进行谈判的过程中，如果能够运用一定的谈判策略，就更容易使谈判成功。常用的有四个谈判策略：苏格拉底诱导术、钳子策略、遛马策略、黑脸白脸术。

4.2.1　苏格拉底诱导术

苏格拉底诱导术，又称苏格拉底产婆术，是指在与别人谈判的过程中，通过诱导、说服、讨论等方法来引导对方进行思考，进而得到自己想要的结果。它是谈判桌上常见的一种谈判技巧。

客户经理张洋一次在与客户就理财产品进行讨论的过程中，先是直截了当地介绍了理财产品的优点，让客户选择是否购买，结果客户对他的说法半信半疑，迟迟不愿意表态。他想了想，觉得可能采取的方法不对，于是换了一种方法。

张洋："请问您对理财产品有了解吗，你是否购买过银行的理财产品呢？"

客户："我了解一些，但没购买过。"

张洋："您可以试着购买一下，会有意想不到的效果。"

客户："真有这么神奇吗？"

张洋："我可以给你举几个例子，比如……"

客户："听起来不错，我试试。"

之后，张洋又进行了不同程度的提问，引导客户逐渐了解他所在银行理财产品的优势，并使客户产生了购买该产品的想法，最后使得客户成功购买。由此可见，谈判技巧的灵活运用相当重要。

那苏格拉底诱导术的运用有何要求呢？

首先，谈判者要有清醒的头脑，尤其是思辨能力要高，说话条理清晰，有说服力。这样的客户经理很容易获得客户的好感。

其次，谈判者要有甄别客户的能力。诱导术的使用要因人而异，有的客户需要直接说明情况，而有的客户则喜欢被谈判者引导。谈判者通过诱导达到的结果是，客户心甘情愿购买理财产品，而且见人就愿意分享购买银行理财产品的优势。

总而言之，苏格拉底诱导术是一种很好的谈判方法。作为客户经理，要很好地运用这种技巧，以便给银行带来更好的经济效益。

4.2.2　钳子策略

钳子策略是指在与对方谈判时能控制对方的言行，将谈判内容导向对自己有利的一面。当你在推销某种产品时，客户说："你能给我一个合适的价格吗？"若你回答："那您希望是什么样的价格呢？"这样一来，你就将主动权掌握在自己手中，往往能使自己占更大的优势。

北京C银行同时派李平和常乐去约客户到该银行办理存款业务。李平在拜访客户时，先简单介绍了银行的业务。当客户问存款利率是多少时，李平直接报了银行的利率。客户一听觉得特低，直接回绝了李平。而在常乐这边，客户问了同样的问题，他却有不同的回答。

常乐并没有直接报利率，而是反问了一句："那多少利率在您的期望范围内？"问完之后常乐保持沉默。客户忍不住先报出了利率，而这个利率正好与C银行的利率一样。常乐听了，依旧没回话，直到客户又说了一个数，他才表态。结果他不仅成功签到客户，而且还压低了利率，为银行节省了一笔支出。

从上述案例可以看出，在交易中，钳子策略的使用会使客户在情感上感到愉悦，并能促使其战胜理智，购买产品，而这种结果正是银行想要的。所以作为客户经理，要会运用钳子策略，善于化劣势为优势，化被动为主动，以达到预期效果。

4.2.3　遛马策略

遛马策略是指当对方提出的条件令人难以接受时，不要忙着反驳对方。就像面对一匹烈马那样，采取疏导顺从的方法让它安心，遛遛马，而不是直接对抗。如果你正在推销一款理财产品，客户说："你的利率太低了。"这时一旦你开始与对方争辩，他们肯定会搬出个人的亲身经历，以证明你是错的，而他是对的。

然而如果你告诉对方："我完全理解你的感受。很多人在第一次听到这款理财产品的利率时也是这么说的。可仔细分析一下我们的产品，他们总是会发现，在风险最稳定的情况下，我们的利率是最为合理的。"这时对方不会想要去证明你是错的。

图4-2所示为遛马策略的话术模板。

> **对方提出的条件让你难以接受**
> 于是，你这样说："我完全理解你的感受，很多人都和你一样有着相同的感觉。"
> 结果：淡化对方可能存在的竞争心态
>
> 接着，你这样说："但你知道吗？在仔细研究这个问题之后，我们发现……"
> 结果：对方理解了你的真实想法

图4-2　遛马策略的话术模板

在沟通谈判初期，表现出来的态度和提出的条件往往会为整个沟通谈判过程奠定基调。此外，根据你的言谈举止，对方也可以从中判断出你达成意向的愿望强烈程度，以及是否愿意达成一个双赢的协议，还是更想为自己争取尽可能大的利益。

因此，你应当采取小心翼翼的说话方式，即使对对方说的话完全不同意，也不能立刻反驳对方。立刻反驳对方不仅不会让对方改变看法，往往还会让对方强化自己所持的立场。最好的方法是，首先表示同意，然后逐渐深入，按照"感知，感受，发展"的模式，表达出自己的真实意见。

当你正向客户推销一套定制理财产品时，客户说："我听说你们的风控系统出了问题，我的财产交给你们管理不会不安全吧。"这时如果你立即反驳对方，客户很可能会怀疑你是否在隐瞒事实。因此，你可以这样说："是的，我听说了这件事，我想这个谣言从几年前就开始四处传播了。当时我们银行更换了一个更优质的风控系统，供应商来自美国，所以那段时间便出现了这样的谣言。事实上，就连万达这样的大公司都愿意和我们银行合作，因此可以看出，我们并没有什么问题。"

客户还可能说："我不相信国外的软件供应商，我认为使用它们的软件风险更大。"这时如果你采取争辩的对策，对方会拼命捍卫自己的立场，因此你可以说："我们完全理解你的顾虑，很多人可能都有同感。可是你知道我们发现了什么吗？自从更换了风控系统以后，因系统故障导致的风险问题降低了 0.8%，所以……"因此，千万不要在一开始就反驳对方，那样只会导致对方的激烈对抗，应该先表达同意对方的观点，继而想办法扭转对方的既成观点。

> **小·提示**：综上所述，当你向对方施加反抗的力度时，毫无疑问，对方也会发起反击。同样的道理，如果你直接反抗沟通谈判对手，对方自然也会奋起捍卫自己的立场。而采用"感知，感受，发展"的模式，则可以以柔克刚，巧妙地引导对方以达成自己的真实意图。

4.2.4 黑脸白脸术

黑脸白脸术是一种通过严厉和温和两种具有明显差异的态度对目标客户的心理产生攻势，从而达成目的的方法。使用这种方法的情况有两种：一种是团队作战，一人扮演"黑脸"，一人扮演"白脸"；另一种是同一个人在不同的情境下分别使用"黑脸"与"白脸"。两种情况均通过对客户造成巨大心理压力同时进行劝诱达成目的。

当你与客户谈判的时候，你发现来的人并不是一个，这时你要格外注意了。因为他们很可能就要针对你运用黑脸白脸术了。例如，你到一家创业公司推销企业贷款产品，为此你与他们的副总约定了一次会面。当你见到副总的时候，他们的总裁就在旁边，这时的局面就不妙了（二对一）。

然而，你也必须继续你的谈判。在你演示的时候，他们的总裁突然拍案而起，他对你说："我想你对我们的合作一点诚意也没有，因为你给我们的方案太敷衍了！我还有事要忙，先走了。"然后，总裁迅速离开会议室，而剩下的副总则对你说："不好意思，你不要介意啊。他就这暴脾气，但我对你制订的贷款方案还是非常满意的，我想我们可以深入地聊一下。不过，如果你给的利率再低一些的话，我想总裁也会重新接受的。"

如果你不明白他们对你实施了黑脸白脸术，你大概会说："您觉得多少利率合适？"然后，你们达成了合作协议，但是你发现利率居然被对方压得非常低。

通过这一案例可以发现，黑脸白脸术就是一方扮演不好惹的形象，即

"黑脸"；而"白脸"的责任则是温和地劝诱，使对方松一口气。两者交替出现，轮番上阵，直到达成他们的目的。

作为客户经理，你也可以在与客户谈判的过程中使用黑脸白脸术，以达到自己的最终目的。下面，我们看上海本地一家商业银行的高级客户经理刘超是如何使用黑脸白脸术的。

30多岁的刘超做客户经理已经有十年之久，他非常擅长与客户谈判，谈判成功率达到90%。A贸易公司是刘超的一个客户，与刘超所在的商业银行一直保持着良好的合作关系。然而，因为A贸易公司的上级B贸易集团一直与其他银行合作，受到上级公司的控制，A贸易公司的业务并没有全部转到刘超所在的商业银行里。

刘超一直将A贸易公司当作重点客户关注，所以刘超很快得知A贸易公司因为无法满足日益扩大的市场需求，也为了适应城市扩张的形势，决定在新区建立分部，需要固定资产贷款。刘超决定借着这一机会对A贸易公司进行整体营销。首先，刘超与B贸易集团进行了多次沟通。经过一段时间的接触，双方建立了联系。刘超还请示领导出面邀请B贸易集团对银行进行了考察和参观，使其对该行有了初步认识，并随之进入了实质性的谈判阶段。

在谈判开始前，刘超制订了详细的谈判方案，如图4-3所示。然后他邀请B贸易集团到银行就具体合作协议进行谈判，B贸易集团派杨军为谈判代表全权负责本次谈判事宜。刘超了解到杨军是自己的校友，并且早自己两年毕业。

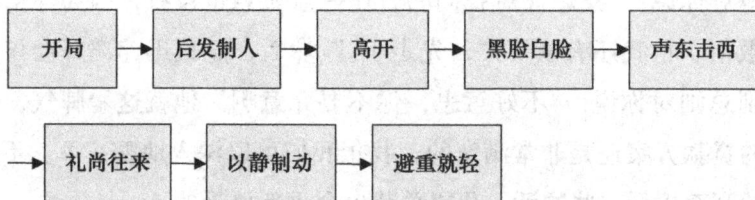

图4-3　刘超制订的谈判策略

由于B贸易集团代表杨军只考虑了A贸易公司的贷款事宜，根本没有考虑全面合作的问题，这不在他们的谈判议程中，于是他们就贷款事宜在刘超的办公室进行谈判。

谈到代收电费问题的时候，双方发生了分歧。杨军提出要求即全部免除手续费，而刘超则表示很多客户选择通过柜台缴纳现金，占用了银行的人力资源，增大了运营成本，因此各大银行都有增收手续费的趋势，他们没有理由不增收。

双方各持己见，互不相让。于是，刘超表示征求一下自己领导的意见。领导当面拒绝了免除手续费的要求，表示没有商量的余地，随后离开办公室。双方又僵持了几分钟之后，刘超说，如果可以与 A 贸易公司全面合作，他可以说服领导免除手续费的事情。杨军本以为事情没有转圜的余地，没想到刘超做出"让步"，于是欣然地接受。

我们分析一下刘超在谈判过程中如何使用黑脸白脸术，如图 4-4 所示。

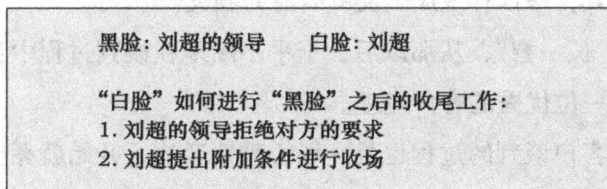

黑脸：刘超的领导　　白脸：刘超

"白脸"如何进行"黑脸"之后的收尾工作：
1. 刘超的领导拒绝对方的要求
2. 刘超提出附加条件进行收场

图 4-4　刘超使用的黑脸白脸术分析

综上所述，黑脸白脸术的原理为：黑是压力，是威胁，是紧张；白是希望，是缓和，是轻松。在谈判中，使对手一会儿痛苦一会儿快乐，让他们的思绪上下浮动，打乱他们的战略部署，最终使其退让。

如果对手使用了黑脸白脸术，你需要识破它，不要被对方迷惑。当你使用这个战术的时候，要有章有法，不能失去分寸。而且人物角色方面性格要吻合，不能让没有气势的人做"黑脸"，也不能让严肃的人做"白脸"。

4.3　四大谈判技巧

在与客户进行业务谈判时，除了要运用一些谈判策略以外，还要掌握一些谈判技巧。下面向大家介绍一下谈判过程中常用的一些谈判技巧。

4.3.1　不直接说出自己的目的

"知己知彼，百战百胜"，银行客户经理在谈判的过程中如果一开始就说出自己的目的，就很容易陷入被动的境地，被对方牵着鼻子走；如果把自己的底牌藏好了，对对手会起到迷惑的作用，因为他并不知道你究竟有多少实力，从而心生忌惮。

李平是北京某银行的客户经理，从业10多年来，他从初出茅庐的稚嫩小伙已成长为可以独当一面、为银行取得巨额利润的谈判专家，这期间他经历了不计其数、大大小小的谈判，而他记忆最深刻的就是第一次去谈判。

那时，李平还是一个小员工，因为积极上进，部门经理决定让他去和一家企业谈一笔贷款，并告诉他最多让利百分之三。在谈判的过程中，当对方问他最大让利空间是多少时，他因为有些紧张直接说百分之三，而那家企业想争取更大的利益，于是不断地施压，最终以让利百分之三点五达成协议，结果减少了收益，给银行造成了没有必要的损失。

"吃一堑，长一智"，从那以后，李平不断地在谈判过程中吸取经验和教训，终于成了一位优秀的客户经理。

其实，与客户谈判的过程也是一场心理博弈战，开始就亮出自己的底牌并不是一个明智的做法，虚虚实实，实实虚虚，陆续地抛出具有迷惑性的底牌，在试探对方的时候更好地保全自己，这样在谈判的过程中我们就会占据有利地位，就有可能获取更大的利益。

4.3.2 进入对抗型谈判

对抗型谈判为非赢即输的谈判，是指在谈判的过程中根本不考虑对方的需求和利益，而咄咄逼人、不断压榨对方的一种谈判方法。很显然，一旦进入了这种谈判，谈判就有可能随时终结，并不能达到我们预期的目标。

在谈判的过程中由于双方都不让步，会不可避免地出现这种对抗型谈判，那么一旦出现这种情况，应该怎么处理呢？我们先看看客户经理王伟的做法。

王伟担任客户经理已经三年多了，在一次谈判中，双方都坚持己见，使得谈判过程一度陷入僵局，为了避免谈判失败，他积极地做出一些举措，最终使得谈判顺利达成。事后，他做了一个解决对抗型谈判的总结。

首先，在"交锋"比较激烈的时候，可以先放一放，给双方一个冷静的时间和空间，并为达成最后的协议做出一些合理的让步。

其次，在某一条件达不成一致时，可以暂时绕过这一条，等把剩余的谈拢了再返回来进行商谈，也许会取得意料之外的效果。

当前两条行不通时，可以找个两家公司都信任的第三方来进行协调，通过调节双方的矛盾，来突破僵局，促使谈判成功。

> **小·提示**：尽管有时对抗型谈判不可避免，但是我们必须要时刻记着与对方谈判的目的，谈判是为了合作而不是争吵，毕竟对抗和破裂对双方都是有百害而无一利的，谈判者在为当事人谋取利益的同时，也要本着"公平合理"的原则，只有这样，才能合作共赢，为之后的进一步合作创造条件。

4.3.3 给客户留面子

俗话说"人活脸面，树活皮"，可见"脸面"对一个人来说是多么的重要。在与客户谈判交流的过程中，不能咄咄逼人，出口伤人，学会为客户保留面子是最基本的一条原则。毕竟"多一个朋友多一条路"，而伤一个人的面子就有可能堵死一条路。

作为银行客户经理最不该做的就是不承认自己的错误，而去指责客户，与客户发生争执。给别人面子，适当让步，并不代表我们低人一等，有时候反而会收获意想不到的结果，毕竟面子是相互给的，我们要学会利用"面子"来获取更多的机会和财富。

李伟在 26 岁的时候就当上了某银行的客户经理，正当他意气风发地打算干一番事业时，却出现了意想不到的变故。有一天在与客户交流的过程中，由于双方没能达成协议，李伟与客户发生了一点口角，没想到事情愈演愈烈，李伟还对客户破口大骂，不依不饶，最后在同事的劝说下才停止了和客户的争吵。最终，由于客户的投诉，李伟受到了批评，还差点被开除。那么，银行客户经理究竟怎样做能使客户感觉有面子呢？

（1）态度要温和，语气轻柔，不可在客户面前表现出傲慢的样子。

（2）避免当众指责，即使是对方的错，也不能得理不饶人，要找台阶给他们下。

（3）抓住机会，对客户的行为进行称赞。

（4）尊重客户的决定，不可"穷追猛打"，要适当变通。

面子听起来是件小事，可是在实际生活中它却能发挥重要的作用，因为面子代表的是一个人的尊严，是他人、社会对一个人的认可与尊重。

💡 **小·提示**：在与人交流的过程中，矛盾是不可避免的，很多时候，矛盾的根源并不在于客观的事实，而在于主观的想法，学会换位思考，站在对方的角度考虑问题，多一些认可与尊重，会让对方觉得有面子，这样的话，就能起到事半功倍的效果，更好地达到我们的目的。

4.3.4 不像多米诺骨牌一样让步

在谈判的过程中，双方产生矛盾甚至使谈判陷入僵局的情况会经常发生，毕竟双方都是为了为己方谋取更多的利益，这时候，就需要一方或双方做出适当的让步，只有这样谈判才能继续进行，从而达到"双赢"的目的。但是，适当的让步并不是像多米诺骨牌一样妥协，凡事都有一个度，所谓"过犹不及"，毫无底线的退让，只会让对方得寸进尺，而损害到己方的利益。

赵冬现在是上海某银行的客户经理，1年前，在他担任销售经理的时候曾发生过这样一件事：当时他与一个大型企业谈业务，对方为了争取利益，不断地要求他降低利率，而赵冬出于争取这个大客户的目的，一直都是无条件退让。就在合同达成前夕，这家企业要求再次让利，可是这样的话，银行的利润空间就被缩小到极限了。

在一般人看来，这时的赵冬面临着两种选择，即要么不盈利，要么放弃合作，而无论哪种结果都会使前期投入的时间和精力打水漂。然而，赵冬却想出了一个两全其美的办法，在满足企业要求的同时，也为银行争取到了利益。那他究竟是怎么做到的呢？原来在正式谈判时，赵冬答应了企业的要求，但是他也提出了一个条件，即企业员工的工资卡必须要用他们银行的卡，最终企业也接受了这个条件。

这么一个小小的转变，使得赵冬所在银行的银行卡使用人数大大增加，而且加强了与这家大型企业的合作，可谓一举多得。在以后的谈判中，赵冬不再一味地妥协与退让，而是采取"进中有退，退中有进"的策略，和许多大客户都进行了合作，并成了客户经理。

"退一步海阔天空"，但一直退则容易掉进海里，作为银行客户经理，该妥协时要做出适当的让步，而该争取时也要积极地"进攻"，进退结合，方能在谈判桌上占据有利地位，为银行赢得更多的利益，因为成功不会垂青一个在谈判桌上一味妥协的人。

第 5 章
进行场外公关

场外公关就是在非会议室或办公室等地方所进行的非正式沟通，通常发生在工作时间之外，是以朋友的身份与客户进行交流。银行客户经理在利用好正式商谈方式之外也要学会场外公关来争取更多的客户。下面我们详细阐述该如何进行场外公关。

5.1 巧用非正式沟通

除了正式的沟通方式以外，还可以采用非正式沟通方式。但是必须是在了解客户的作息规律和喜好的前提下，利用非正式的手段来拉近和客户之间的距离。非正式沟通很容易促进客户之间的感情交流，并容易使客户发展成为长期客户。

5.1.1 选择要接触的目标对象

马克思定义人的本质是"一切社会关系的总和"，每个人都不是孤零零地存活在这个世界上，都有自己的社会关系。作为一名合格的银行客户经理，需要懂得这些人情世故，当在"正面战场"无法取得进一步的突破时，要学会"曲线救国"来达到自己预期的结果。而实施"曲线救国"的关键就是准确地选择要接触的目标对象，对象选准确了，一切都会迎刃而解。

王亮今年刚担任某银行的客户经理，为了提高自己的业绩，他想要把银行的一款储蓄产品介绍给某知名企业的董事长，可是这位董事长对他的储蓄产品并不感兴趣，并拒绝与王亮进行面谈。但王亮是个很热心的人，他听朋友说，这位董事长的父亲已经去世了，年迈的妈妈觉得自己一人在家很孤单便搬到养老院去住，而董事长平时工作繁忙，很少有时间去养老院看他妈妈。王亮决定去照顾这位董事长的妈妈，于是一有时间他就去养老院陪这位老人，陪她聊天，给她讲笑话，每次还带着老人最喜欢喝的鸡汤。

一个月之后，董事长听说了这件事，决定和这个让他感动的年轻人见一面。王亮抓住面谈的机会，详细地向董事长介绍了这款理财产品。结果，董事长不但买了这款产品，而且与王亮成了好朋友。

人心都是肉长的，每个人的内心深处都会有最柔软的地方，那是我们的爱与灵魂的栖息地，一旦有人触及这片栖息地，这个人很容易让自己有好感。

小·提示： 作为银行的客户经理，要深入地了解客户的生活状态，并做到"对症下药"，这样的话，取得自己想要的结果就成为水到渠成的事了。

5.1.2 根据对象的作息规律选择时间

"当代管理学之父"彼得·德鲁克在《有效的主管》中有这样一句话："效率是以正确的方式做事，而效能则是做正确的事，理想状态下，效率和效能都不可偏废，但当二者不可兼得的时候，我们要先保证效能，然后再设法提高效率。"由于每个人身体素质、生活习惯的不同，他们在作息的安排上也不尽相同，因此银行客户经理在进行场外公关时，要根据对方的作息规律选择合适的时间，这样的话，既保证了效能，又能提高效率，从而达到预期的目标。

在了解客户作息规律的同时，也要考虑自己的生理和心理的状态，综合考虑双方的情况，去选择一个最佳的时间。一般来说，银行客户经理要注意以下 4 种情况，如图 5-1 所示。

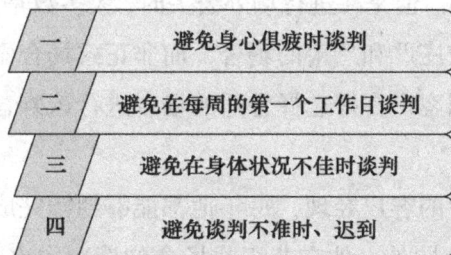

一	避免身心俱疲时谈判
二	避免在每周的第一个工作日谈判
三	避免在身体状况不佳时谈判
四	避免谈判不准时、迟到

图 5-1 谈判注意事项

1. 避免身心俱疲时谈判

人在长时间工作后，或者经过长途跋涉后，或者在烈日炎炎的中午时，大脑往往处于疲惫的状态，反应不会太灵敏，所以，这些情况下很不适合进行谈判。另外，对自己来说，在身心劳累的情况下谈判成功的概率也不大，而对客户来说，与谈判相比，他们更愿意好好休息。

2. 避免在每周的第一个工作日谈判

经过两天的休息放松后，人在周一刚进行工作时是很难快速进入状态的。

3. 避免在身体状况不佳时谈判

在感冒、发烧、咳嗽等生病情况下，想要谈判取得理想的结果较为困难，因为这时候的思维和行动都要比平时迟缓。

4. 避免谈判不准时、迟到

最重要的一点是，当双方确定了谈判的时间，就要准时到达，不能迟到，切勿给对方留下一种言而无信的印象。

> **小·提示**：每一次的谈判都是一场"没有硝烟的战争"，在这场战争中，不仅考量着我们的实力和心理素质，同时对我们发起"战争"的时间、地点、对手也有着严格的要求。在正确的时间做正确的事情，这是打一场胜仗必要的因素。因此，选择双方都合适的时间进行谈判，不断地提高工作效率和效能是客户经理的必修课。

5.1.3 根据客户喜好选择场合

一般人印象中的谈判是一件紧张且严肃的事情，通常都是西装革履的双方在谈判桌上进行的。但是在进行场外公关时，大多数是发生在非正式场合。正式的场合是指比较庄严和严肃的场合，而非正式场合则指任何对双方都适合的地方。能够根据客户喜好选择合适的场合进行谈判，对银行客户经理来说有着重要的作用。

李超是一家银行的客户经理，每年他都能够超额完成任务，除了在正式场合签订了大量的合同外，他在非正式场合的谈判中也收获颇丰。有一次，他想向一位退休的老人推荐一款老年理财产品，可老人对他的产品不感兴趣，几次下来李超都无功而返。后来，他偶然从同一小区的大妈口中得知，这位老人非常喜欢喝茶，便决定改变策略。

在当地有家百年老茶馆，为了保持良好的品茶环境，该茶馆每天都控制着客人的数量，可谓是"一座难求"。李超便托朋友订了两个位置，当他再次见到这位老人时，并没有像以前一样着急地介绍产品，而是先与老人聊天，并慢慢地把话题转到那家百年茶馆上。老人说："那家茶馆是我一直想去的地方，可是座位太难订了，一直都没去过。"这时李超对老人说："我那儿有认识的朋友，今天我请您喝茶，帮您完成心愿。"

在茶馆中，两人聊得十分投机，当李超再向老人介绍产品时，老人不但没有像以前一样拒绝，反而问了一些问题，最终，老人买下了这款产品，并介绍给了他的朋友。

> **小·提示**：孟子讲："天时不如地利，地利不如人和"，即"天时""地利""人和"是走向成功的 3 个重要条件。我们所说的根据客户喜好选择场合即"地利"，可见找一个正确的地方进行交流，会使客户经理的工作更加顺利地进行，有时还会取得意想不到的效果。

5.2 组织活动让客户 High 起来

有些客户经理可能总会抱怨："与客户建立关系太难了""把心都给客户掏出来，他们还是不信任你""与客户建立关系难，与客户建立信任关系更难"……当然，与客户建立关系并不是一朝一夕就能完成的，需要大家多方面的努力。

据调查，在活动中与客户建立关系更容易，所以适当组织一些活动，与客户"玩 High"了，以后的工作就会更容易了。

5.2.1 确定一个趣味性主题

"活动主题"是指在举行某一项活动时，主办方对客户传达的核心概念，主要突出产品的特点以及所能给客户群体带来的利益，使主办方所要传达的主要信息能简洁有力地进入客户的意识中，从而提高自身的影响力，获得更多的利益。

银行客户经理在组织客户游玩时一定要认真确定主题，因为主题起着提纲挈领的作用，并贯穿整个活动的始终，必须要经过对产品、市场、消费者以及竞争对手的详细考虑与调查，才能最终确定下来。

那么，确定一个具有趣味性的主题要考虑哪些因素呢？其内容如图5-2所示。

一	考虑活动目标
二	突出独有优势
三	准确把握客户消费心理

图 5-2　确定趣味性主题考虑因素

1. 考虑活动目标

活动目标是客户经理最终要达到的效果和取得的成就，在确定活动主题时，要与活动目标保持一致，不可背道而驰。

2. 突出独有优势

深刻剖析产品的特点和独有优势，传递出有个性的信息，只有表现出与市场上现有产品不同的地方，才能有效引起客户的注意。而个性信息的传递要从两个方面寻找：一是产品本身的自然个性，即看得见、摸得着，是实实在在的东西，例如某项产品一年后的收益；第二则是产品的社会个性，包括用户体验、社会评价、企业信誉等隐形的因素。可以从这两方面来挖掘产品的特点，以便取得良好的宣传效果。

3. 准确把握客户消费心理

有人倾向于高风险高收益的产品，而有的人则倾向于求稳，所以针对不同的客户群体要制订不同的主题。

小·提示：一个有趣味性的主题能够有效地扩大活动的影响力，增加社会的关注度，同时可以提升客户的参与感和认同感。而一个平淡无奇的主题并不能引起客户的注意，而且产生的影响力也是有限的，起不到宣传产品的作用，因此，确定一个令人耳目一新、印象深刻的主题是非常必要的。

5.2.2　策划活动方案

策划方案是把大脑中对活动过程的构思以文字或图文的形式呈现，目的是把策划的思路和内容更加直观、准确、详细地表现出来，并有效地指导行动。银行客户经理在组织客户参加活动时，一定要制订行之有效的策划方案，确保活动的顺利进行。

那么，写出一份优秀的策划方案具体要怎样做呢？其做法如图 5-3 所示。

一	提出明确单一的主题
二	向客户传达出所能获得的利益
三	内容详细，条理清晰
四	活动要做到行之有效

图 5-3　优秀策划方案做法

1. 提出明确单一的主题

策划一个活动有诸多方面的考虑，有时主办方会想尽办法去传递大量的信息，以便达到更好的宣传目的，但有时也"过犹不及"，当信息太多时，很难快速地吸引消费者的注意力，并不能达到预期的效果。所以银行客户经理在考虑活动主题的时候，要做到"有所为，有所不为"，如此，客户才能快速准确地记住你的产品。

2. 向客户传达出所能获得的利益

有时候，虽然客户知道了我们有什么样的产品，但是出于种种考虑并没有进行实际的购买，而是持观望的态度。这时候，向客户说明产品的利益点，给他们吃颗定心丸就相当重要了。

3. 内容详细，条理清晰

客户经理组织活动要做到有条不紊，例如安排好活动的时间、地点、主办方、被邀请的对象等，具体的流程都要详细清晰。

4.活动要做到行之有效

一个好的活动方案，并非是我们在大脑中的主观想象，而是对各种客观条件综合考虑的结果，这期间要实地考察活动的场地，对人员做一个合理的分工，还要把活动所需要的经费、设备、材料等准备齐全。所有的一切都要做到繁而不乱，确保活动的有序进行。

下面我们来看看从业多年的客户经理赵强是怎样策划活动的。

有一次，银行要推出一款新的理财产品，要求赵强策划一份活动方案，接到任务后，他做出了如下方案。

策划名称：关于××理财产品的活动策划方案。

活动时间及地点：2016年11月20日；××财经俱乐部。

活动主题：你要的温暖，你要的笑，我们都会给（结合产品特点和天气状况提出）。

活动内容：详细地向客户介绍产品的利益点，引起客户的购买欲望。

活动前期准备：考察市场、预算开支、联系精心挑选过的目标客户、准备好活动所需要的宣传手册以及相关的资料、对人力进行合理的分配等。

考虑活动过程：对活动进程的控制、场所的布置、客户座次的安排，以及音响、灯光、背景音乐和餐饮等方面的详细考虑。

他充分考虑了外部不可控因素对活动的影响，如恶劣的天气状况以及交通拥堵等，并制订出B方案，努力消除不确定因素。除此之外，他还联系某知名媒体对活动进行报道。

活动结束后：跟进客户，寻找机会继续宣传产品。

经过仔细地调查和详细地部署，赵强成功地组织了这次活动，使得这款理财产品卖得非常好。

一次好的活动策划，不仅能达到推广某项产品的效果，而且可以增加企业的社会影响力和社会认同感，提升企业的知名度，从而帮助企业获得更大的利益。

💡 **小提示**：在制订策划方案时既要有大局观，又要注重细节，统筹兼顾，方能达到好的效果。

5.2.3 向目标客户发出通知

目标客户是公司和企业在众多的消费者中选择出来的，并为他们提供产品或服务的个人或群体。选择目标群体是营销工作的前端，因为不同人的消费意识和消费行为是不一样的，只有对消费者进行准确的定位，才能在后期进行顺利的营销，实现产品的价值。

那么银行客户经理该怎样选定目标群体呢？其方法如图 5-4 所示。

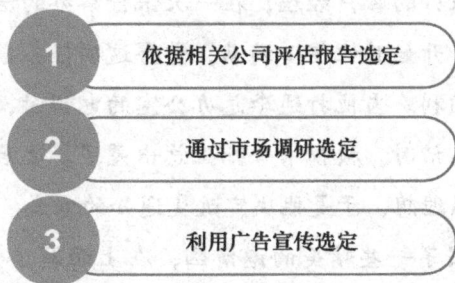

图 5-4 选定目标群体方法

1. 依据相关公司评估报告选定

客户经理可以通过相关的咨询公司或交易市场评估确定目标群体，这种渠道可以高效地得出想要的结果。只是这种利用专业的公司对消费者进行筛选的方法会花费相对昂贵的费用。

2. 通过市场调研选定

"没有调查，就没有发言权"，对市场进行详细的调查可以深入地了解市场，很好地把握商业环境，能准确地定位目标群体，使之后的工作进行得更为顺利。我们常用的市场调研的方法主要有问卷调查、实地考察、电话咨询、深度访谈等，熟练地运用这些方法去进行市场调研是每个客户经理都必须具备的能力。当然，市场调研也有其不太方便的地方，如需要一定量的人力和物力，而且时间相对较长。

3. 利用广告宣传选定

通过在各种媒体上投放广告，说明产品的特点和好处，去扩大产品的影响力，从而吸引消费者，使其主动上门询问。这种方法需要靠高额的广告费支撑，而且银行也不能迅速地得到反馈。

除了以上几种方法，有效地确定群体目标还可以运用商业伙伴推荐、查阅资料、关注财经界的最新资讯等方法。每种方法都各有利弊，客户经理在具体的调研过程中要综合运用这些方法，做到花费最少的人力、财力、物力而收获最大的利益。

在确定了目标客户之后，就要向其发出参加活动的通知了。通知目标群体，看似是一件简单的事情，但实际上却藏着大学问。

张伟是北京某银行的客户经理，在一次银行举办的活动中，需要他通知目标客户准时参加。开始时他信心满满，觉得这项任务很容易就能完成，可是事情进行得并不顺利。当他打通李总办公室的电话时，李总在开会，而当打通王总办公室的电话时，被秘书告知王总出差了。之后他又打了几个客户的电话，结果都很不理想，于是他决定改变通知的方式。

张伟到礼品店买了一些精美的邀请函，在上面写了受邀人、邀请单位、邀请目的、时间、地点等重要的信息，并在字里行间表达了他对每一位受邀客户的诚挚的心意。之后他又亲自把邀请函送到了目标客户的办公室中，并在上面留下了自己的联系方式。几天之内，百分之九十的目标客户都给他回了电话，而且保证能准时参加活动。最后，银行成功地举办了这次活动，张伟由于出色的表现也受到了奖励。

在通知客户参加活动的时候，有以下 4 个事项需要注意，如图 5-5 所示。

注意一	选择适当的通知方式
注意二	通知内容要适当
注意三	信息传达充分
注意四	提前发送邀请函

图 5-5　通知客户参加活动的注意事项

1. 选择适当的通知方式

电话、短信、亲自登门拜访，甚至用 QQ 或微信都能达到通知客户的目的，客户经理在具体操作的过程中要灵活地使用各种方法，做到随机应变。

2. 通知内容要适当

如果是用文字来通知客户，要注意通知的格式、用词以及情感的表达。而口头通知要掌握好说话的分寸，使对方乐于接受。

3. 信息传达充分

不管采用哪种方法，都要把最基本的信息传递给对方，如活动时间、活动地点、活动的主要内容以及需要注意的事项等。

4. 提前发送邀请函

写好邀请函后要提前发送给目标客户，使对方有充分的时间来准备相关事宜，当然发得太早对方容易遗忘，一般来讲半个月左右比较合适，并在开展活动前几天适当提醒一下对方。

一个好的通知，不但能够准确地传达出企业所要表达的活动信息，而且能充分地向客户发送友好的情感信息，拉近与客户之间的距离，促使活动的顺利开展。

> 小提示：“天下大事必作于细，天下难事必作于易”，向目标客户发出通知并不是一件随随便便就能完成的事，对此，不能掉以轻心，要知道只有努力完成好每一件小事，才能收获最终的成功。

5.2.4　案例：民生银行周末“合家欢”活动让客户“玩 High”

20 多年来，由民间集资所建立的民生银行已经取得了巨大的成功，并且其依然以强劲的势头发展着，这离不开每一位员工的努力。他们不断地提高自身的业务水平，吸引着越来越多的客户。

那么究竟怎样才能举办一场成功的活动呢？民生银行是这样做的。

2016 年 9 月 25 日下午，民生银行邯郸分行举办了周末“合家欢”活动，这场活动主要是组织客户及其家人进行自驾游。

下午一点半的时候，客户们陆陆续续到达了集合的地方，银行工作人员在接待的同时还向客户讲解金融知识并回答他们所提出的问题。之后，一行人组成自驾车队，开往当地很出名的一处景区。

在到达目的地后，大家合影留念，并在讲解员的解说下参观了许多有着悠久历史或独特风格的景点。晚上他们还看了由民生银行员工自编自演的节目，在笑声中对金融产品有了更深刻的了解。活动结束后，每个客户还收到了一份精美的小礼物以及银行产品的宣传册。

通过这次活动，民生银行受到了客户的一致好评，虽然这种非金融类的营销活动表面上看起来不能带来直接的利益，但其间接产生的影响力却是巨大的。

下面我们分析一下民生银行的这次活动为什么会成功，其成功原因如图5-6所示。

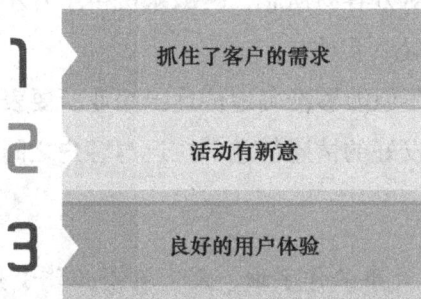

图5-6 民生银行活动的成功原因

1. 抓住了客户的需求

通常经过忙碌的一周，周末时客户们都想在家好好休息或陪陪家人，而不愿意参加无关紧要的活动。针对这种情况，民生银行打出了"合家欢"的口号，即传达出了"我们不只邀请您，也邀请您的家人"的意思。对于客户来讲，这样既能和家人在一起，又能放松心情，当然愿意去了。

2. 活动有新意

民生银行这次活动是活泼开放的，其选择了自驾游的方式而非在封闭的室内，这样客户更容易接受。而且银行员工把金融知识和产品信息编在节目之中，客户并不会感到枯燥，在愉悦的氛围中还能学到东西。

3. 良好的用户体验

最重要的一点就是民生银行所提供的良好的用户体验。从客户到达目的地到去景区游玩再到最后的离开，银行都提供了优质的服务。在掌控大局的情况下，还注重细节，例如，在客户离开时送精美的小礼物。如此服务，自然让人好感倍增。

一个活动的成功举办绝非偶然，其背后要花大量的时间去打磨、部署。这里面所涉及的方方面面都需要我们去学习，并不断地提高自己的能力。

> **小·提示**：“悟性”和“执行力”是客户经理所必须具备的两种能力。所谓“悟性”就是自身的创意和独有的思维，只有与众不同的想法，才能让客户提起兴趣。而“执行力”就是要把想法付诸行动，把每一步都做到极致，从而达到预期的目标。做到了这两点，在工作中才能有出色的表现。

第 6 章
激活客户需求

有时候客户的需求是潜在的，除非有人去激活它，否则客户很容易忽略这一方面的需求。在和客户进行谈判的时候，银行客户经理应该主动深入挖掘客户的需求，本章主要从提问法、业务法以及开发老客户 3 个方面来介绍如何激发客户需求。

6.1 提问法挖掘客户需求

每个人都有两种消费需求：一种是显性的需求，即明确知道自己想要什么的需求；另一种则是隐性的需求，即自身并没有意识到的需求。银行客户经理在满足客户显性需求的基础上，还要尽可能地挖掘其隐性的需求。在这个过程中最常用的方法就是提问法。提问法通俗点来讲就是：通过对客户的调查和研究，利用适当的方式向其询问问题，以刺激其消费欲望的一种方法。那么客户经理在工作过程中应该怎样利用这种方法呢？

6.1.1 使用四级提问模式

与人沟通是一门艺术，同样的意思不同的表达，所产生的效果是不同的。所以，银行客户经理在对客户进行提问时，要注意方法和策略：提问得当，客户就愿意和你交流，这样就有机会得到我们想要的信息；而不恰当地提问，在客户面前就会吃闭门羹。

在对客户进行提问时，我们通常使用"四级提问模式"，即依次对客户的信息、问题、影响以及解决方法这 4 个层面进行提问。这四级问题是层层递进的，一般不可颠倒顺序，在具体操作的过程中要做到详略得当。下面我

们对 "四级提问模式" 做一个详细的介绍，其内容如图 6-1 所示。

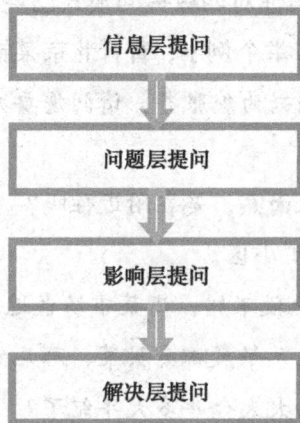

```
┌──────────────┐
│   信息层提问   │
└──────────────┘
        │
        ▼
┌──────────────┐
│   问题层提问   │
└──────────────┘
        │
        ▼
┌──────────────┐
│   影响层提问   │
└──────────────┘
        │
        ▼
┌──────────────┐
│   解决层提问   │
└──────────────┘
```

图 6-1　四级提问模式

第一级：信息层提问。

这一层主要是询问一些客户的基本信息，如客户的职业情况、兴趣爱好、家庭成员等。通过与其简单的交流，在拉近距离的同时，大致判断客户的需求。

第二级：问题层提问。

即询问客户在生活或工作中会有哪些不方便的地方，对有意向的产品有哪些困惑。例如："您平时上班乘坐的是哪种交通工具，有没有迟到的状况""您在办理银行业务时，有什么样的困惑""您是否考虑购买一款理财产品"等。通过对其进一步提问，加强和扩大用户的潜在需求。

第三级：影响层提问。

即确定客户遇到的问题给他们带来的影响，目的是对问题进行进一步的突破。通常的提问方式有："您所说的这个问题会给您的生活带来怎样的不便"或者"这个问题对您有多大的影响"等。

第四级：解决层提问。

针对客户现存问题，发出解决方案的提问，为客户消除麻烦，彻底解决问题。我们可以这样提问："您打算如何解决这个问题""我们有一款产品也许能解决您的问题，您是否有兴趣了解一下"或"我也许能帮您实现愿望，您先听听看"

通过上文的介绍，相信你对四级提问模式已经有了大体的了解，为了进一步加深理解，现在我们来举个例子，看看北京某银行客户经理是怎样做的。

客户经理：您好，很高兴为您服务，请问您要办理什么业务？

客户：我来存款。

客户经理：我觉得您很面熟，是在附近住吗？（信息层提问）

客户：是的，就在××小区。

客户经理：××小区地段不错，离菜市场也近，买菜挺方便的。

客户：是啊，我妈妈每天早晨都会买菜，那儿的菜既新鲜又便宜。

客户经理：那挺好，老太太今年多大年纪了？

客户：65岁了，我妈舍不得花钱，每次发养老金后就让我给存起来，这不今天来存钱了嘛！

客户经理：每个月都过来存款好像挺麻烦的吧？（影响层提问）

客户：可不是嘛！先不说其他的，就是排队也得好大一会，浪费不少时间。

客户经理：是啊，那您有没有想过解决的办法呢？（解决层提问）

客户：想也白想，就这样吧，大不了多跑几次。

客户经理：我有一个办法能解决您的问题，有没有兴趣听一下？

客户：真的吗？快说来听听。

客户经理：前几天，我们银行推出了一款老年储蓄基金，签了协议后，可以直接从老人的银行卡扣除，而且利息还比普通的储蓄要高，这样您以后就不用每个月都来银行了，而且收益也高。

客户：这真是太好了，那办理手续吧，就要这项业务。

在具体操作过程中，可以根据实际情况省略无关紧要的环节，做到灵活自由地运用这种提问方法，当然，在向客户提问时，也要避免犯以下几种错误。

（1）提问太过于直接，并没有话题的引入，这样容易引起客户的警惕之心。

（2）语气太强硬，神情太严肃，这样就不容易拉近与客户的距离。

（3）一直向客户问问题，却忽视他们的回答。有效的沟通既要说又要听，从客户的回答中我们不但能得到有效的信息，而且可以使谈话愉快地进行。

（4）所问的问题不能从客户口中得到想要的答案，所以要事先设计好问题，并进行有针对性的提问。

> 💡 **小·提示：** 作为银行客户经理，在向客户提问时要做到由表及里，层层递进，不断地加强对客户的了解，从而深刻剖析客户的内在需求，以达到销售产品的目的。切不可没有章法胡乱发问，也不能颠倒次序不分轻重。在科学的方法的指导下，勇敢自信地向客户开口，成功就会随之而来。

6.1.2　问题要有针对性

我们知道任何事物既有共性又有个性，所以在实际生活中要做到"具体问题具体分析"。对银行客户经理来说，在向不同的客户进行提问时，所问的问题一定要具有针对性，这样才能更为迅速地获取我们所需要的信息。

那么，如何提出具有针对性的问题呢？

（1）要时刻牢记我们的目的，即成功地使客户接受我们的产品。要知道，与客户任何形式、任何内容的交流，都要向着这个最终的目的而进行。这样的话，我们会节省很多时间和精力，从而可以去完成更多的任务。

（2）在充分了解客户信息的基础上对其进行提问。客户经理不能打无准备的仗，要对客户进行深入的了解，这样能够知道其所关心的话题和所需要的服务，可以对症下药，一击就中。

（3）在与客户对话的过程中，要学会察言观色，根据客户神态以及动作的变化，适当地调整问题。

张鑫是一家银行的客户经理，每年他所签订的客户的数量都比其他同事的要高。在一次同事聚会上，他说出了签单的诀窍，即多提具有针对性的问题。

王总：您好，听说您打算给员工买一款理财产品，那您心目中理想的理财产品是怎样的呢？

我想知道贵公司会选择具有什么样特征的银行作为合作的伙伴？

（这两个问题的目的很明确，即弄清楚客户的需求）

我们银行非常愿意与您合作，不知您对我们银行的印象怎么样？

（把握机会介绍银行，引起客户的兴趣）

您之前是否购买过类似的理财产品？感觉效果怎么样？或许我们的产品更合您的心意。

（站在客户的角度考虑问题，有利于在谈判中占据有利地位）

我想知道，您什么时候能签合同？

（有目的地促成交易）

与您合作很愉快，下次您在办理其他业务的时候，一定会首先考虑我们银行，对吗？

（为长期的合作奠定基础）

没有目标的努力犹如在黑暗中远征，对客户进行有针对性的提问会有诸多好处，主要表现在以下4个方面，如图6-2所示。

1	能详细了解客户信息
2	能加强客户信任
3	能积累资源和人脉
4	能控制谈话进程

图6-2　客户针对性提问好处

1. 能详细了解客户信息

对客户进行有针对性的提问可以详细了解客户的信息，在此基础上能够对客户的显性需求、隐性需求、消费意向以及购买能力等做一个大致的评估。

2. 能加强客户信任

问一些有针对性的问题，会让客户觉得你的业务水平很高，并且是站在他们的角度考虑问题，是真心实意地为他们服务，所以客户会更愿意与你沟通，把内心真实的想法告诉你。

3. 能积累资源和人脉

一次良好有效的沟通能拉近双方的距离，谈得投机甚至会成为朋友，为以后进行其他合作打下基础。

4. 能控制谈话进程

对客户进行有针对性的提问，有利于掌握沟通的节奏，控制谈话的进程。有经验的客户经理在与客户进行沟通时，通过提出具有针对性的问题，能很好地把握沟通中的细节以及接下来谈话的大体方向，这将使其在谈话中占据有利地位。

> 💡 **小提示**：银行客户经理在与客户进行交流的时候，要把客户的需求放在第一位，而不是一直喋喋不休地推销自己的产品。

除此之外，银行客户经理在休息时间可以学点其他领域的知识，发展多方面的兴趣爱好，也可根据客户的喜好临时突击学习，对其有个大致的了解。"台上一分钟，台下十年功"，多些储备，多些积累，在面对新的挑战或机遇时才能从容应对。

6.1.3 善于运用"二选一法则"

在与客户进行沟通时，会经常运用"二选一法则"来促成合作。"二选一法则"就是客户经理在与客户交流的过程中，会提出两种方案供客户选择，而无论选择哪一种，都会实现客户经理想要的结果。"二选一法则"把"买不买"升级到了"买哪种"的水平，能够有效增加成交量。

李华是天津某银行的客户经理，从业多年来，他积累了许多经验，而这些经验帮他签下了很多大客户，其中，比较常用的一条就是对客户进行二选一问题的提问。下面我们来看看李华对新人传授的经验。

（1）如果客户说："不好意思，我现在没空和你谈。"客户经理就应该说："是的，我也知道您工作比较忙，只是我们的这款储蓄产品对您十分有用，您有必要详细地了解一下。这样吧，您周三和周四哪天有时间？"

（2）如果客户说："我不能决定是否要签合同，我得和我的合伙人商量。"

这时，客户经理就应该说："应该的，我能理解，我们确定一个合适的时间和您的合伙人面谈，您看今天下午和明天上午哪个时间合适？"

（3）如果客户说："对不起，我对你说的不感兴趣。"面对这种情况，客户经理应该这样说："您说得有道理，人们在面对不了解或是陌生的东西时通常不会提起兴趣，可是我相信听过我的介绍后您会对我们的产品产生兴趣的。就给我五分钟或八分钟，好吗？"

（4）如果客户说："听起来不错，我考虑几天再决定。"客户经理在此时千万不能放弃，而应该乘胜追击："既然已经认可了我们的产品，还有什么顾虑呢？是价格的问题还是服务的问题呢？"

我们知道运用"二选一法则"可以给客户提供选择的方向，可以在一定程度上减缓客户的购买压力，从而进行有效的产品销售。但是，并不是什么情况都能运用这个法则，在实际操作过程中要注意以下 3 个方面的问题，如图 6-3 所示。

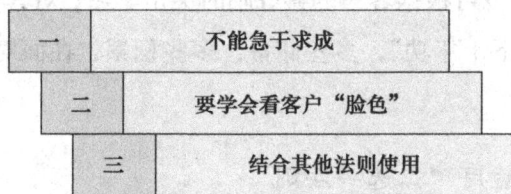

一	不能急于求成
二	要学会看客户"脸色"
三	结合其他法则使用

图 6-3　利用"二选一法则"时的注意事项

1. 不能急于求成

对客户要慢慢引导，在客户表现出不同意的意见时，先要肯定其说法，慢慢地打消其顾虑，然后用"二选一法则"进行提问。

2. 要学会看客户"脸色"

当客户对你的提问表现出愤怒时，不能再继续追问下去，否则就会使客户产生一种被逼迫的感觉，而不愿意与你交流。

3. 结合其他法则使用

"二选一法则"固然好用，但并不能解决所有的问题，为了更好地与客户交流，还应该结合其他方法，如二八法则、互惠法则、报酬法则等。

💡 **小·提示**：大体了解"二选一法则"一般的提问方法和注意事项是远远不够的，高明的客户经理会根据与客户对话得到的信息来判断其购买力，并在此基础上向客户推荐合适的产品和合适的数量。这样就不会因为价格和数量的问题而流失客户，从而取得更高的业绩。

6.2 业务法深化客户需求

银行客户经理是银行与客户的桥梁和纽带，是银行市场的信息收集者，是提高银行利益和扩大银行社会影响力的执行者，是对市场进行良好预测的参谋者。所以，作为一名出色的客户经理，必须要有过硬的业务能力。那么，客户经理在与客户沟通的过程中，要具备什么样的业务素质呢？

6.2.1 确定客户需要解决的问题

不管是银行客户经理还是客户，时间都是宝贵的，把有限的时间和精力用来做一些无用功，就不会有价值的产出。如果银行客户经理向客户介绍的产品是客户已经有的或是并不需要的，就会引起客户的抵触或是不信任。反之，准确地对客户的需求进行了解，并"投其所好"，客户才愿意和你合作。那么客户经理应该怎样确定客户所存在的问题呢？

1. 利用提问的方式来确定

事实证明，客户会不会与银行达成协议，很大程度上是由客户经理的提问技巧决定的。除了上一节所谈到的"四级提问模式"，客户经理也会采用向客户询问"开放式问题"和"封闭式问题"的方法来获取相关的信息。

"开放式问题"并没有固定的答案，客户为了解释清楚，通常说较多的话，因而所传达出的信息也比较多。但有时信息太繁杂，客户经理不能很好地选择对自己有用的内容，浪费时间和精力。一般常用的"开放式问题"有"您想知道哪方面的内容""您对我们的服务有什么样的建议""是什么原因促使您选择这款产品"等。

"封闭式问题"通常有固定的答案或是答案被限定在某一范围之内。客户经理可以据此快速地获取有用的信息，并在交流中掌握话语权。但这种提问方式太过于直接，容易引起客户的反感，而且常常得出误导性的答案。常用的"封闭式问题"有"您是想了解这款产品的信息吗？""还有什么问题吗？""是这样吗？要继续吗？好不好？"等。

"开放式问题"和"封闭式问题"都各有利弊，客户经理要针对不同的对象采取不同的提问方式，真正做到趋利避害，获取有效的信息，以确定客户需要解决的问题。

2. 通过倾听来把握客户的需求

很多人在认知上存在这样的误区：认为银行客户经理只要有好的口才，能与客户侃侃而谈，就会有好的业绩。实际上，比"说"更重要的是"听"，因为与客户进行沟通，是心与心的交流，如果客户经理一直滔滔不绝地讲话，而并不在意客户的诉求，就会使客户感到自己不受关心和尊重，因此就不能顺利地达成协议。那么，怎样做一个会倾听的人呢？

（1）在客户说话的过程中切勿打断对方。心理学家研究得出：当人们在说话时，心里期望能完整地表达，一旦被打断，心里就会不舒服。

（2）全身心聆听客户，不做其他无关的事。当认真地去听客户的话时，客户会感觉到我们对他的尊重，从而更愿意同我们交流。

（3）在表情和动作上要有所表现，如注视对方、面带微笑、时不时地点头、身体微微前倾等。

我们要记住一个出色的客户经理首先是一个好的倾听者，其次才是好的演讲者。通过倾听去准确地判断客户的潜在需求和需要解决的问题。

3. 在与客户谈话的过程中要学会"察言观色"

有些时候，客户的需求并不会直接地说出来，这样就需要我们根据对方的表情、神态、语气以及肢体动作等在第一时间掌握其意图，走进其内心，从而有针对性地与其交谈。下面我们介绍 3 种察言观色的方法。

（1）重点关注客户的面部表情，在与客户沟通的时候，倾听客户说了什么固然重要，但是一定不能忽略其面部表情，因为有时候客户并不会直接说出他的需求或是表露出自己的意见，但是面部的微表情却能透露出一些不易被察觉的秘密。

（2）在遇到僵局时，可以适当地聊一些题外话，缓解一下气氛，在观察到客户放下防备时，再慢慢地把话题引到工作上来。

（3）当无法琢磨客户的心思时，不妨给客户多提供几种选择。从客户的微表情或小动作中判断其喜欢哪种，讨厌哪种，这样就更容易掌控谈话的进程。

> **小·提示**：虽然大多数人认为决策是在理性思维的主导下进行的，但是不可否认，感性思维在其中也发挥着重要的作用，有时候把握住客户不经意的一个细节，就能顺利达成一场交易。因此，能够很好地解读他人的微表情是成为一名优秀客户经理的必备技能。

以上是常用的了解客户需求的 3 种方法，除此之外，银行的客户经理还应该在工作中不断地寻找和总结适合自己的方式，这样了解客户需求的工作也就得心应手了。

6.2.2　说服客户的时间只有 15 秒

说服别人不仅是口才和思维的体现，还能表现出一个人把握机会的能力。在与客户交流的过程中，并不是花的时间越多，效果越好，有时候，短短的 15 秒就能决定整个大局。因此，要把握机会，做到"一击必中"。

怎样才能拥有这种能力呢？下面我们先来介绍一个法则——FABE 法则，如图 6-4 所示。

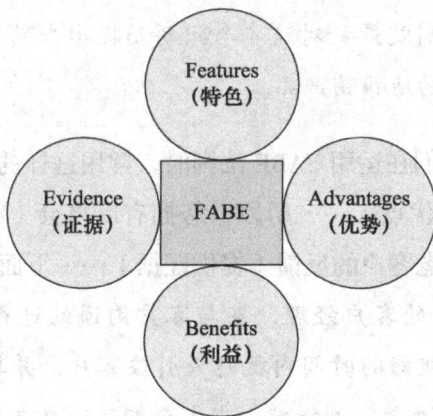

图 6-4　FABE 法则

F（Features）即特点、自身独有的卖点。我们知道，同行业的竞争越来越激烈，产品同质化现象越来越严重，如果银行能提供有特色的产品和服务，无疑能够第一时间抓住客户的眼球。客户经理要想成功地与客户达成协议，就要深入地了解产品的特点，这样才能给客户一种满意的感觉。

A（Advantages）即优势。"对比同类产品我们究竟强在哪里？"这是客户经理必须要考虑清楚的问题。所以，很有必要向客户介绍清楚我们的优势所在，例如更少的投入、更高的收益、更安全的环境、更优质的服务等。通过这些说明，使客户坚定"消费"的决心。

B（Benefits）即利益。我们购买产品是为了获得某种在生活中或心理上的需求，在这个过程中会付出时间、精力和金钱，因此我们期望得到能给自己带来好处的产品，这样才能使我们的内心得到满足。所以，作为客户经理，要以客户的利益为中心，明确告诉客户他们所能得到的好处，从而有效地激发他们的购买欲望。

E（Evidence）即证据。客户经理要能拿出证明自己所说的话的证据，如可以通过展示主流媒体的报道、其他客户的反馈、已有的销售业绩等来证明关于对产品特点、优点以及收益的描述都是真实可信的。这种方式能有效地坚定客户购买产品的决心。

💡 **小提示**：客户在进行消费时，通常会关心以下几个问题：卖的是什么？比同类产品强在哪里？这款产品能给我带来什么好处？怎样证明你说的话？ FABE 法则就是针对这 4 个问题而提出来的，通过慢慢消除客户心中的疑虑来成功地推销产品。

一般情况下，我们在运用 FABE 法则时，常用这样的句式：因为（产品特点）……而且（产品优点）……所以，您拥有后将会（利益所在）……您可以参考媒体的报道或老客户的反馈（提供证据）……下面我们来看一个案例。

刘洋是一家银行的客户经理，在与客户沟通的过程中他非常善于运用 FABE 法则，通常在极短的时间内就能吸引住客户，并与他们达成交易。有一次，一位老人想要存款，刘洋就向老人介绍了一款老年储蓄产品，他是这样说的："为您介绍这款产品，是因为它是专门为老年人定制的，而且在国内我们是较早的一家，产品已经很成熟了，它除了能保证财产安全外，收益也高，前几天，×× 电视台和 ×× 报纸都报道过呢。"通过刘洋的这番介绍，老人很快便办理了购买手续。

刘洋所说的"为老年人定制"就是产品的特点（Features）；"国内较早的一家、产品成熟"（Advantages）是其优势；"安全、收益高"则是产品能带来的利益（Benefits）；"电视台和报纸的报道"就是证据（Evidence）。刘洋能够得心应手地运用 FABE 法则，做到了用最简洁的话传达出最有用的信息，所以他的客户越来越多。

"15 秒说服客户"的意思是在 15 秒之内要传达出对客户最有用的信息，使其保持兴趣且继续听下去，而不是整个交流的过程只需 15 秒。银行客户经理不但要把功夫用到 15 秒之内，在 15 秒之外也要下足功夫，这样才能赢得更多的客户。

6.2.3　一次只需要推荐一种产品

毫无疑问，银行客户经理会有多种产品，而客户的需求也不仅仅只有一种，但是在向客户推荐产品时，一次只推荐一种产品就好了，做好精准营销，切勿全面撒网。

"精准营销"简言之就是用最少的投入，换取最大的利益。当然，这一切都要以深刻地把握市场动态和用户需求为基础。这种营销模式可以很好地满足客户的需求，拉近彼此间的距离。

那么，想要实现精准营销该具备哪些条件呢？其内容如图 6-5 所示。

1	市场定位要精准
2	长期与客户保持联系
3	打造一对一的营销模式
4	打造个性化的产品
5	做好售后服务

图 6-5　精准营销条件

1. 市场定位要精准

精准的市场定位是实现精准营销的首要条件，它包括两个方面的内容：第一，进行市场定位时要以当前的市场情况、自身的产品特点和客户的需求为基础；第二，建立专门的数据库，通过市场反馈的数据来验证市场定位是否成功。

2. 长期与客户保持联系

精准营销不同于大众营销，它是具有极强针对性的一种营销方式。虽然不用做地毯式轰炸的广告，但还是要有目的、有计划地向客户介绍一些产品的信息。所以客户经理要建立起与客户联系的系统，如电话、短信、邮件、QQ 和微信，通过这些渠道方式建立系统都是可以的。

3. 打造一对一的营销模式

与传统的销售不同，精准营销必须具备可靠的物流和结算系统，以及随时都能与客户沟通的呼叫系统，这摆脱了传统销售的种种不便，可以实现一对一分销。

4. 打造个性化的产品

精准营销的目的就是为了满足不同客户的不同要求，所以要尽可能地提供使客户满意的产品与服务。如此就能培养新的消费需求，获得更好的经济效益。

5. 做好售后服务

做好售后服务是精准营销最后的一个环节，通过这个环节，可以不断地提高产品的质量和公司的服务，从而赢得更多的客户。

接下来我们来看一个精准营销的案例。

杨鹏是一家银行的客户经理，有一次，一位异地客户来银行取款，打印凭条时，具有高度职业敏感性的杨鹏发现客户卡中还有 100 多万元。于是便有了以下对话：

杨鹏：听口音您不是本地人吧？

客户：恩，来出差的。

杨鹏：哦，原来是这样，那您这次出差得花一大笔钱吧？要是需要的话得提前预约。

客户：还好，有这次取的就够了。

杨鹏：这样的话，我向您介绍一款短期投资产品，这款产品是专门为高端客户定制的，不但安全，收益还高。

客户：这么说来，我得好好了解一下。

最后，客户在杨鹏的详细介绍下购买了这款产品。

案例分析：

首先，客户出差，时间不会太长，所以杨鹏介绍的是短期理财产品；其次，他还告诉客户，这是高端产品，符合客户的身份；最后，他向客户说明产品安全且收益高。通过对客户的了解，杨鹏成功地实现了精准营销。

小提示：精准营销可以直接触动客户的兴奋点，能更快更有效地赢得客户，而"全面撒网"的营销模式会导致精力和财力极大的浪费。所以在与客户交流时，一次只推荐一种产品就好了。

6.3 开发老客户

我们常说："结识新朋友，不忘老朋友"。作为客户经理，也尤其要这样做。老客户，通俗点来讲就是不止一次或经常与我们进行交易的客户，这类客户群是最稳定的，对我们的工作业绩有着很重要的影响，所以，维持好与老客户的关系是相当重要的。

6.3.1 主动联系老客户

毫无疑问，客户在购买完产品后很少会给业务人员打电话，但是，客户经理却不能忽略了客户，尤其不能忽略老客户，要不断地增进与他们的感情，为下一次交易铺路。那么，为什么要花大量的时间和精力去联系老客户呢？

有研究表明，说服老客户去购买一款产品所花费的时间只有说服新客户的七分之一。这就意味着花同样的时间和精力，与老客户的成交量是与新客户成交量的七倍。除此之外，每个客户身后都有八个左右的潜在客户，能与老客户建立良好的关系，这对客户经理拓展业务是有很大的帮助的。那么，老客户的优势都有哪些呢？其内容如图 6-6 所示。

图 6-6　老客户优势

1.老客户是银行长期发展的基石

老客户，我们也叫作"忠实的客户"，这个群体对银行的产品和服务都是很信赖的，所以当他们有了购买的需求时，会不假思索地走进一直以来都去的银行。

2.留住老客户可以降低银行的成本

通常发展新客户，我们需要重新投入一些人力、物力和财力等，而且拉来的客户通常在几个月甚至是一年之后才能营利，可谓投入大且回报周期长。老客户则可以省去很多环节，直接降低了银行的运作成本。

3.老客户能向银行推荐新的客户

通常由熟人或亲人推荐的效果要比工作人员的推荐效果要好很多。老客户的推荐，在减少银行广告费的同时还可以为银行带来可靠的新客户。

既然老客户能带来这么多好处，那我们提供几个联系老客户的方法，内容如图 6-7 所示。

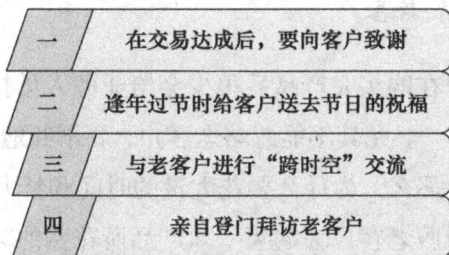

图 6-7　联系老客户方法

1.在交易达成后，要向客户致谢

一般情况下，在交易达成的三到五天之内要向客户表达自己的谢意，可以打电话致谢，或者邮寄一封外表精美、内容真挚的感谢卡。

2. 逢年过节时给客户送去节日的祝福

这种情况一般也是利用发短信、打电话或邮寄贺卡的形式来进行，并不会花费多少钱，但却能很好地与客户建立长期的联系，同时还能提升自己和银行在客户心中的形象。

3. 与老客户进行"跨时空"交流

可以利用网络与客户进行联系，QQ、微信、邮件都是可以选择的方式，这些方式覆盖面广，可操作性强，既保护了客户的私人空间，也能避免偶尔的尴尬。

4. 亲自登门拜访老客户

虽然电话、书信、网络等在一定程度上能传达出我们的一些情感，但是最直接有效且具有诚意的方式就是上门拜访了。面对面交流能更好地把握客户的需求和要求，从而更有针对性地为客户提供产品和服务。

现在我们明白了老客户的重要性和与之保持联系的方法，接下来就是最重要的一步——行动。客户经理在工作中要做个有心人，在提高自身业务水平的同时，也要把关心送给客户，这样才能更出色地完成任务。

> **小·提示**：与老客户保持联系固然重要，但这并不是一劳永逸的，最根本的依然是不断提高产品的品质和银行的服务，并能真正地站在客户的立场上考虑问题。

6.3.2 给老客户提供特别优惠

银行的利益是建立在客户的利益之上的，所以保障客户的利益是银行必须要做好的工作。尤其要对老客户表现出特别的关照，在产品的价格或服务上给他们提供特别的优惠。所以，在接待老客户时要把他们当作"自家人"，要让老客户觉得自己受到了不同于一般客户的待遇，得到了更多的重视和尊重，如此会增加客户的好感，从而坚定其购买的决心。下面介绍一种最常用的给客户提供优惠的方法——优惠成交法。

优惠成交法又称让利成交法，是指销售人员通过提供优惠的条件促使客户进行消费。优惠条件通常包括价格优惠、赠送礼品、提供完善的售后服务等。客户经理可以根据实际情况随机应变，选择最合适的方法，积极地促成交易。接下来我们来看一个案例。

胡鹏是上海一家银行的客户经理，有一次，一个老客户来银行办理存款业务，他并没有直接替客户办理，而是把客户请到了贵宾室，并向客户介绍了一款理财产品，他是这样说的："我们银行前几天新出了一款理财产品，是专门为向您一样的老客户群体打造的，不但安全，收益也高于传统的存款，如果您现在入手，还会给您九折优惠，这可是一般的客户享受不到的。"老客户听了以后很开心，当下就购买了这款理财产品。

正如上述案例所说，正确地利用优惠成交法能营造出一种和谐的交流氛围，并在此基础上增加成交量，所以客户经理要把握客户的求利心理和机会购买心理，不失时机地为其提供优惠，以达成最后的交易。但需要注意的是，不能在任何情况下都用这种方法，若使用不当会产生负效应和负感染力，使客户失去购买的信心，反而不利于交易的实现。

除了使用优惠成交法提供看得见的价格优惠，客户经理还可以提供一种"看不见"的优惠，即给客户心理上的满足。我们前文提及过，消费就是一个满足物质需求和心理需求的过程，其实有的时候，客户在心理和情感上得到满足后，并不会太在乎价格的问题。

老客户要求让利，是客户经理经常会遇到的事，面对这种情况，要谨慎地处理，下面我们来对比两类不同的处理办法。

第一类：

（1）对不起，不管是新客户还是老客户，我们都没有优惠。

（2）不好意思，即使老客户也是没有优惠的。

（3）既然您是老客户了，就该清楚我们的规定。

（4）知道您是老客户，但这是银行的规定，我也没办法。

我们来简单分析一下上面的四种回答：前两种说法等于直接告诉老客户"在这里，新老客户都是一样的，没有谁会得到特殊的对待"；第三种则暗示客户"你是在撒谎，要真是老客户就不会有这样的要求了"；第四种直接把责任推给了银行，会让客户更加反感。以上这几种回答都没有顾及老客户的感受，毫无疑问会造成客户的流失。

第二类：

（1）是的，王先生，我经常见到您来我们银行办理业务，按道理，确实应该给您一些优惠，只是现在这款产品已经是最低的价钱了，这样吧，我们送您一套纪念币作为您长期以来对我们银行支持的感谢，您看这样可以吗？

（2）张先生，一般情况下，像您这样的老客户即使不提要求，我们也会主动地提出优惠，只是现在这款产品真的不能再便宜了，但您毕竟是老客户，银行可以为您免费办理一张金卡，您觉得行不行？

上述这两种回答也没有实质性地降低产品的价格，但却使客户觉得他们享受到了不同于一般客户的待遇，在心理上得到了满足，这便是给客户提供的"看不见"的优惠。通过这种方法，客户经理可以提高其工作效率，从而做出更多的业绩。

> **小·提示**：老客户之所以多次向我们购买产品，除了产品本身的质量过硬外，相互间建立的良好关系也起着重要的作用。所以，客户经理要灵活运用"看得见"和"看不见"的优惠措施，积极地与老客户建立良好的关系。

6.3.3　让老客户购买其他产品

从某种程度上讲，老客户已经与业务人员建立了相互信任的关系，因此，客户经理要好好地利用这个有利的条件，与老客户进行更多的交易，例如，引导和说服老客户购买其他产品。

下面我们先来谈谈怎样引导老客户，方法如图 6-8 所示。

一	开发客户的隐性需求
二	意向引导客户需求
三	触发客户情感

图 6-8　引导老客户的方法

1. 开发客户的隐性需求

前面我们曾谈到过显性需求和隐性需求。隐性需求就是客户未曾发觉或无法说出来的需求，客户经理在与老客户的交流过程中要善于从他们的语言、动作、神态等方面判断其隐性需求，并加以适当的引导，促使客户进行消费。

2. 意向引导客户需求

为老客户创设一幅美好的场景，使其在头脑中产生一种想象，而且这种想象有利于交易的达成。例如："您购买这款产品一年之后，就可以带家人去国外玩一周，这是多好的事情。"在说完之后，要给客户考虑时间，不能急于求成。

3. 触发客户情感

如果一件产品既能满足客户的物质需求，又能满足其精神需求，那么客户一定是愿意购买的。例如："如果您帮父母购买这款老年理财产品，不仅能获得较高的利益，还能把自己的孝心传递给二老，这可是件特殊的礼物"。

接下来我们来谈怎样说服老客户，方法如图6-9所示。

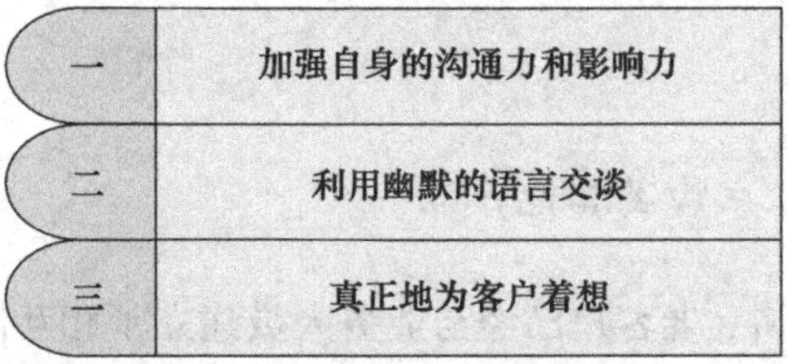

一	加强自身的沟通力和影响力
二	利用幽默的语言交谈
三	真正地为客户着想

图6-9　说服老客户的方法

1. 加强自身的沟通力和影响力

神经语言程序学（Neuro-Linguistic Programming，NLP）有这样的一个理论：一个人的沟通力和影响力能直接决定他的生活质量。说服别人，实际上就是发挥自己的沟通力和影响力，这两种能力并不是与生俱来的，同一般的知识和技能一样，也是依靠后天的锻炼而逐步提高的。作为客户经理，要不断地提高这两种能力，这样，说服老客户购买其他产品就很容易了。

2. 利用幽默的语言交谈

每个人都喜欢在愉快放松的氛围下交谈，而不喜欢死气沉沉的环境。具有幽默感的客户经理所说的话会更具吸引力和感染力，使客户对其产生好感，从而快速地促成交易。下面举个例子，来看看幽默的力量。

李广是北京某银行的客户经理，他经常利用幽默的语言与客户进行交流，因此总能成功地说服客户购买他推荐的产品。有一次，他在银行大厅看见一位老客户在排队办理业务，就上去与之交谈。

李广："陈先生，您来办理什么业务？"

老客户："办理存款业务。"

李广："您是办活期的还是定期的？"

老客户："过段时间还要用钱，把现金放在家里又不太好，办个活期的就行，取的时候也方便。"

李广："我觉得您这种情况，可以购买一款我们新推出来的短期理财产品，这可比存活期划算多了。"

老客户："购买这款产品安全吗？"

李广："您放心，这款产品可以比拟我国的高铁，不但非常安全，收益也会'唰唰'地上升。"

老客户："哈哈，李经理，经你这么一说，我怕我不买会后悔的。"

李广："哈哈，那我们去办理手续吧。"

3. 真正地为客户着想

这是最重要的一点，否则，不管你的沟通力有多强、影响力有多大，或者多么幽默，都会造成客户的大量流失。所以，银行客户经理要有这样的理念：不仅要把自己当作客户经理，更要把自己当作客户。要试着从客户的角度考虑问题，从而知道他们真正想要的是什么。在这个基础上再去说服老客户购买新产品也就不是什么难事了。

💡 **小·提示**：不管是引导还是说服，客户经理都要学会换位思考、推己及人，真正地为客户着想，同时，也要学会运用科学的方法与客户交流，这样才能更好地留住客户，做出更好的业绩。

6.3.4　用奖励计划培养客户忠诚度

客户忠诚度指客户对企业的忠诚程度，是一个量化的概念，是指由于企业所提供的产品和服务能够很好地满足客户的需求，所以客户对其产生感情，从而经常地光顾该企业的程度。

根据统计，当一个企业的客户忠诚度上升5%时，利润就可以提升25%到100%。许多专家更明确地指出，一个企业客户忠诚度的高低，能够直接决定企业的存亡。由此可见，不断地提升客户忠诚度，对客户经理来讲是一项十分重要的任务。

那么该怎样提升客户的忠诚度呢？下面介绍一种常用的方法，即给客户提供奖励。

提供奖励的方法有很多，但是怎样才能给到客户的"心坎儿里"却是一个需要仔细考虑的问题。奖品选好了，客户心里就会高兴，而奖品选不好，不但浪费金钱，还达不到让客户满意的效果。所以客户经理在为客户挑选奖品时，不能敷衍了事，而是要好好地下一番功夫，通常一个高质量的奖励要从价值塑造、实用价值、情感价值这几方面来考虑。

1. 价值塑造

客户并不会因为银行提供了奖励而去购买一款产品，却会因为在购买产品时银行提供奖励而变得开心，从而愿意再次进行消费。客户经理要明白这个道理，在选择奖品时要有针对性，能够根据不同的客户给赠品塑造价值。

李明是某银行的客户经理，每次给老客户提供奖励时，他总能想出好的点子。去年快过年时，有位老客户来银行取款，两人见面后聊了一会儿。

李明："王总，来办理什么业务啊？"

客户："过来取点现金，明天就要回老家过年了，乡下取钱不太方便。"

李明："哦，是这样啊。您老家亲戚挺多的吧？"

客户："老人们都在呢，得有五六家吧。"

李明："这么多人，每年对联也得贴不少吧？"

客户："可不是吗？你不说我差点忘了，一会儿还得去买对联。"

李明："您别急，我们银行就有专门为老客户定制的对联，我给您拿去。"

客户："那真是太好了，谢谢你。"

对联上必然有银行的名字，其实相当于广告。送客户对联，不但满足了客户的需求，还能为银行做宣传，可谓一举两得，这无疑是一次成功的价值塑造。

2. 实用价值

在为客户提供奖励时，不能忽略了奖品的实用价值。有些奖品并不会花费多少钱，却能给客户带来方便，"急人之所急，需人之所需"是客户经理必须要具备的观念。

李大爷是某银行的老客户了，虽然经常办理业务，但因为金额没有达到一定的标准，一直都不是VIP，所以每次来都要排队办理业务。新上任的客户经理王刚了解了情况后，就帮李大爷办理了一张贵宾卡，李大爷就不用再花时间排队了，直接走VIP通道。

办理贵宾卡并不需要大量的成本，但对腿脚不方便的李大爷来说却是"雪中送炭"，这种奖励传达出了银行对老客户的关怀，更容易留住客户。

3. 情感价值

客户经理所提供的奖品，除了要有实用价值，情感价值也是非常重要的，如果奖品可以包含亲情、爱情、友情、绿色、健康等正面的概念，客户就会更喜欢。那么，究竟什么样的礼品具有情感价值呢？下面先来看看客户经理和客户在大厅的对话。

客户经理："张总，最近没见到您，工作挺忙的吧？"

客户："工作倒是不忙，上周我老婆给家里新添了个儿子，一直在家里忙。"

客户经理："那可恭喜您了，您先等等，我给您取个礼物，当作是我们银行的一点心意。"

客户："这是什么？"

客户经理："这是我们银行今年发行的鸡年纪念币，送给您儿子做生日礼物，也谢谢您长期以来对我们银行的照顾，一点心意，请您收下。"

客户："真是太谢谢贵行了，谢谢你们这份特殊的礼物。"

💡 **小·提示**：人是一种感性的动物，当受到来自外界的关怀，自身的情感得到满足时，会很容易敞开心扉，信任别人，所以客户经理要根据实际情况挑选带有情感价值的奖品，充分利用好这个"必杀技"。

用给客户奖励这种方式可以在一定程度上提高客户的忠诚度，但要想永久地保持客户忠诚度，单靠这一点是远远不够的。除此之外，提高质量、控制价格、简化流程、加强服务等都是需要考虑的问题。只有各个方面都做好，才能保证和维持客户忠诚度。

第 7 章
解决客户顾虑

有时候阻碍谈判成功的不是其他原因，而是客户经理没有解决客户的顾虑。在涉及自身财产利益时，客户难免担心被骗，因此即使其想要购买理财产品或者是信贷产品都会有所顾虑，一个好的客户经理应该打消客户这些顾虑。本章主要介绍客户常有的一些顾虑，并且提供给客户经理一些良好的解决措施和案例。

7.1 购买理财产品的三大顾虑

客户在购买一款产品时，或多或少地都会有一些顾虑，毕竟他会在这上面花费精力和金钱，我们通常把客户的顾虑分成以下 3 种类型，如图 7-1 所示。

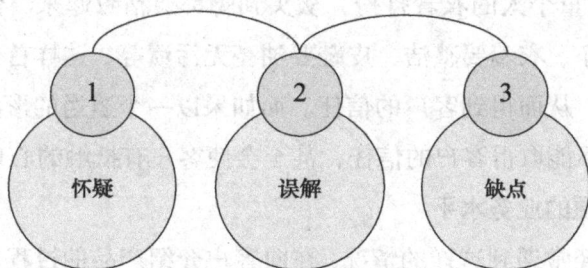

图 7-1 客户顾虑分类

怀疑是指客户不相信你所描绘的以及所能带来的利益；误解是指客户认为你的产品并不会给他带来好处；缺点则是指客户对某种产品或者是产品的某一方面不满意。那么客户在购买理财产品时，具体会有哪些顾虑呢？

7.1.1 担心资金存在安全问题

我们有必要先解释一下"安全感"这个概念，所谓的安全感，是指个人渴望稳定和安全的内心感受。客户在购买银行的产品时，首要的需求就是获得安全感。所以银行客户经理要打消客户的这种顾虑，使客户相信我们的产品是有绝对安全保障的，这样才能很好地售卖理财产品。那么客户经理具体应该怎样做呢？其做法内容如图7-2所示。

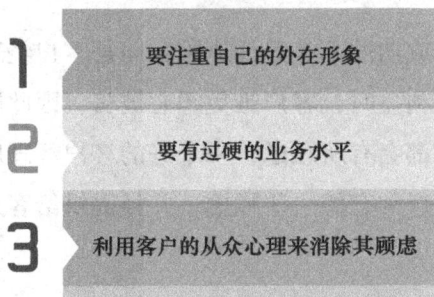

1 要注重自己的外在形象

2 要有过硬的业务水平

3 利用客户的从众心理来消除其顾虑

图7-2 让客户相信理财产品的做法

1. 要注重自己的外在形象

有些东西是先天决定的，如相貌；可有些东西却是后天可以提高的，如审美水平、对待生活的态度。作为一名客户经理，可以不帅，但一定要有"范儿"，尤其要注重个人的衣着打扮，从头到脚都要精致起来，做到头发要有型、脸部要干净、衣着要整洁、皮鞋要油亮无污渍等，这样首先会给客户留下一个好印象，从而得到客户的信任。而如果以一个邋遢的形象出现在客户的面前，非但不能取得客户的信任，甚至会使客户有抵触的心理。

2. 要有过硬的业务水平

客户经理经常遇到这样的情况：在向客户介绍产品的过程中，客户一直在询问问题，到最后却不买。这是因为客户只有在充分理解产品的基础上，才能在购买产品时在心理上获得一种安全感，如果业务经理没有过硬的业务水平去说服客户，那他们不安全的感觉就会一直存在，到最后就可能不会购买产品。我们来看看在这种情况下，客户经理应该怎么处理。

客户经理："刚才您已经了解过我行的这款理财产品，您还有其他的问题吗？"

客户："这款理财产品直接在手机银行购买，会不会不安全？万一别人登录我的账号怎么办？"

客户经理："这个您放心，我们在开通账户时会把您的个人信息和手机号码进行唯一绑定，在您登录时，会发送验证码到您的手机，其他人都是无法进行这个操作的。"

客户："可是网上总报道黑客可以在用户的手机中植入病毒，从而盗取用户的钱，仅仅是验证码我还是觉得不可靠。"

客户经理："我行的手机银行采用的是封闭式网络，黑客是攻击不进去的。"

客户："这么说来还比较安全，可我还是不太放心。"

客户经理："安全问题您完全没必要担心，除了刚才那两点，每次客户退出手机银行后，所有关于银行的信息都会被清除干净，包括您的个人信息、账号、密码等，别说黑客进不来，就是进来了他也什么都找不到。"

客户："听你这么一说我基本没什么顾虑了，这款产品在安全上面还有什么优势吗？"

客户经理："这款产品所在的手机银行本身就有密码保护，而密码属于银行的核心业务，会重点保护，所以，即使您的手机丢失了，别人也是用不了的。"

客户："现在我就完全放心了，那我们去办理手续吧。"

专业保证质量，客户经理对产品的了解越清楚，对市场分析得越透彻，信誉和能力就越容易得到客户的认可。作为一名客户经理，如果你对自己介绍的产品都没有透彻的了解，不能够很清楚地解决客户的问题，客户又怎么能对你的产品满意呢？所以，给予客户心理的安全感，就要求客户经理具备过硬的专业知识。

3. 利用客户的从众心理来消除其顾虑

从众心理就是客户在购买一款产品时，往往受到外界的影响，表现出随波逐流的倾向，他们会认为多数人都购买的东西一定比较好，所以客户经理可以利用客户的这种心理，促使他们购买产品。下面我们来学习两种方法。

（1）销售记录利用法

客户经理应该养成列举产品销售记录的习惯，每次接待新客户时，告诉其产品销售数量、客户类型、销售价格以及客户反馈等。通过这些，就可以向客户传递很多的信息：第一，既然有这么多人买了这款产品，安全性肯定没问题；第二，大部分的客户都是这个价，价格上是合理的；第三，每天都花时间记录，办事一定是靠谱的。这样，就能有效地消除客户心中的不安全感。

（2）列举真实事例法

要想通过引导客户的从众心理，实现交易目的，那么所列举的案例最好是真实的，既不要编造曾经购买过的老客户，也不要虚报客户的购买数量。因为虚假的东西很可能被揭穿，一旦客户发现被欺骗，对客户经理以及银行的印象就会一落千丈，还会损坏客户经理和银行的声誉。客户经理必须实事求是，诚恳地对待客户，否则就是自砸招牌。

小·提示：其实，不管是销售记录法还是列举真实事例法，目的都是要向客户传递一个信息：别人都来买这款产品了，你还等什么呢？有效地运用客户的从众心理对加强客户的安全感有着重要的作用。

当然，消除客户的不安全感并不只限于这3种方法，在实际的工作中要不断地学习和总结其他的方法，并且能够游刃有余地使用，只有不断地提高自身各方面的能力，才能更好地为客户服务，从而做出更高的业绩。

7.1.2 担心风险大无法控制

评估产品风险，是客户在购买理财产品之前都会做的事情，风险可控，客户购买产品时顾虑就小，反之风险不可控，顾虑就多。但通常高风险和高收益是并存的，而且由于每个人对风险把控的能力都不一样，所以这个问题经常会困扰客户经理。

下面我们先来了解一下商业银行理财产品内部风险评级。

一级：这类产品风险极低，通常本金和收益都有保障，适合于比较保守的投资者，当然，虽然风险最低，但收益也是最少的。

二级：这类产品风险较低，虽然不提供本金保护，但本金和预期收益不能实现的概率很低，主要是投资债券类产品，适合稳健型投资者。

三级：这类产品中等风险，虽然不提供本金保护，但是一般情况下本金是不会损失的，只是收益的实现存在不确定性，这类适合于平衡型投资者。

四级：这类产品风险处于中高水平，本金损失的概率较大，收益的不确定性更大，适合积极型投资者购买。

五级：属于完全意义上的高风险产品，不提供本金保护，且本金损失率较高，收益也没有保证，虽然风险高，但是收益相对也是最高的，这类产品适合激进型投资者买入。

现在我们清楚了银行理财产品的风险和收益是并存的，而且两者是呈正相关的，所以客户经理在客户入手产品前要向他们解释清楚这五类风险等级，然后具体说明所要购买产品的风险和优势，然后客户通过自己的理性评估来确定是否购买。

通常在言明利弊之后，有些客户还是会犹豫，这时候客户经理就要替客户仔细地分析产品，帮他们评估风险和收益，通过展示具体的数字，促使客户做出决定，我们来看看北京某银行的客户经理是怎么做的。

客户："我想了解一下这款理财产品。"

客户经理："这款产品的收益相对来讲还是比较高的，虽然有一定的风险，但银行应该能把控好。"

客户："虽然话是这么说，可是我还是担心风险过大。"

客户经理："您的担心我能理解，购买这款理财产品，风险肯定是存在的，但是我们银行在把控风险这方面在行业领域内是位于前列的，过去几年都没有出现过重大的失误，所以安全方面您大可放心。"

客户："是这样啊，万一市场变动，银行也把控不好怎么办？"

客户经理："这么和您说吧，这款产品的年收益是 3.75%，这个水平在我们的理财产品中处在中上的位置，收益是比较可观的，而且正常情况下都是可以实现的。即使市场变动，出现了不可控因素，最坏的结果就是您拿不到或少拿一些收益，而您的本金是绝对安全的，这样的产品多划算啊！"

客户："你这么一说我就放心了，走吧，我们去办理手续。"

客户经理最忌讳贪恋眼前一时的利益而做出不利于客户的行为，这样会直接导致客户的不信任甚至造成敌对关系，即使之前你们谈得很愉快，也建立了相互信任的关系，但一旦损害了客户的利益，这种信任的关系瞬间就会土崩瓦解，不但这位客户以后不会购买你的产品，还会产生不良的连锁反应。所以要诚实地回答客户的顾虑，在此基础上再去说服客户，这样才能真正地取得客户的信任。

7.1.3　感觉各个银行都差不多

现阶段每个行业都存在着激烈的竞争，银行领域也不例外，甚至更加激烈。所以，各大银行经常会出现类似的产品和服务。对银行客户来讲，如果每个银行在各方面都差不多，那么哪方便就在哪办理了，没有必要非得到固定的银行。因此，客户经理要运用各种方法有效地感染和说服客户，以此获得客户的青睐。下面我们先来了解几种常用的方法，其内容如图 7-3 所示。

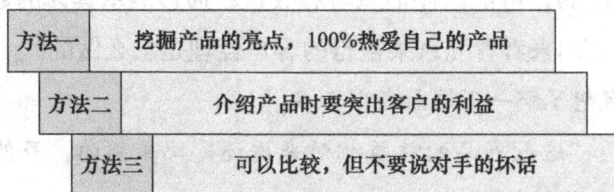

方法一	挖掘产品的亮点，100%热爱自己的产品
方法二	介绍产品时要突出客户的利益
方法三	可以比较，但不要说对手的坏话

图 7-3　获得客户青睐的方法

1. 挖掘产品的亮点，100% 热爱自己的产品

人的情绪是很容易被环境和他人影响的，客户经理只有充分热爱自己的产品，才能有效地激发客户购买的热情。很多客户购买理财产品就是被客户经理对产品所表现出的狂热和自信所感染的，如果连客户经理自己都不热爱并迷恋自己的产品，那么他又如何能影响客户呢？所以客户经理应该清楚自己的产品相较于同类产品独有的优势，然后才能把产品推荐给客户。

2. 介绍产品时要突出客户的利益

在与客户交流时，要把产品能带给客户的利益重点强调出来，因为这是客户购买产品的首要目的。否则，即使你们聊得非常愉快，如果他不能从产品上获得想要的利益，最终还是不会购买。一般情况下，在购买银行理财产品时，客户最关心的利益有财产安全、经济效应和经济实惠，因此客户经理可以从这三方面入手来说服客户购买产品。

3. 可以比较，但不要说对手的坏话

阿里巴巴在创立初期，马云就为公司员工定下一条铁律，即：永远不说竞争对手的坏话，因为这涉及一个公司的商业道德。同样，作为客户经理也不要说竞争对手的坏话，否则在客户的心中你就是一个心胸狭隘的人，会使客户产生偏见。我们可以通过数据对比来证明优势地位，但绝不能通过贬低他人来抬高自己。

下面我们来看一下北京某银行的客户经理是怎么做的。

客户经理："您好，我能帮助您什么吗？"

客户："谢谢，我想入手贵行的一款理财产品，我发现其他银行也有类似的产品，不知道你们与他们之间有什么区别，所以有些犹豫。"

客户经理："是这样的，这款产品是我们银行最先推出的，所以产品趋于成熟，绝对物有所值，我还把它推荐给亲戚和朋友们购买呢。"

客户："哦，这样啊，我看 ×× 银行的利率比你们的要高一点，是他们的产品比较好吗？"

客户经理："也不能这样理解。您知道，购买理财产品不仅要关注收益，还要考虑风险，但是一般的客户通常只考虑收益而忽略风险，所以会造成很大的经济损失。我们银行的收益相对 ×× 银行确实要低一些，但是能够很好地把控风险，至少能保证您的财产不受损失。"

客户："经你这么一说我就不犹豫了，现在就办理手续吧。"

客户经理在向客户推荐产品的时候，必须迅速掌控住局面，获得对自己有利的形势，在运用好以上技巧的同时也要不断总结其他的技巧，去更好地宣传自己的产品，要让客户觉得自己的产品是与众不同的，是值得信赖的。

7.2　购买信贷产品的五大顾虑

一般情况下，凡是涉及钱的问题，人们都会谨慎地处理，所以客户在购买信贷产品时有种种顾虑是很正常的事，而客户经理的任务就是快速有效地消除客户的顾虑，实现产品的售卖。那么客户在购买信贷产品时有哪些顾虑呢？客户经理又该怎样面对呢？

7.2.1　利率太高

我们平时买东西的时候都会寻求便宜的价格，那客户在购买信贷产品时自然觉得利率越低越好，所以银行客户经理在面对客户提出"利率太高"的这种情况时，要能够积极地应对。通常有以下几种回应的方法。

（1）面对对数字不太敏感的客户，客户经理可以把数字具体化，例如："您购买的这款产品利率其实并不高，使用等额本息的还款方式，1万元一年只需还800多元利息，而按时还款的话，还会享受'五免一'的利率优惠，这样只需700元利息就够了，一天还不到两元钱呢。"避免直接向客户介绍15%的利率。

（2）"如果您想购买我们的信贷产品，随时都可以办理手续，在这里并不需要其他与之无关的支出，而且我们的放款速度特别快，您可以快速地进行投资，这样算下来，我们的利率其实并不高。"

（3）"我们银行还有一个独有的优势就是随借随还，利息按实际天数来计算，如果能提前还款，保持良好的信用，我们还有其他额外的优惠。"

（4）"我们银行资金实力雄厚，会为您长期提供优质的服务，在这里，您不仅能够进行资金的周转，还会拥有一个值得信赖的伙伴。"

> **小·提示**：其实客户说利率太贵有可能是一种习惯，或者是他们本能的反应，这个时候客户经理不能在第一时间就否定他们的说法，而应该从其他方面入手，打消客户的顾虑。

还有一种情况是这个客户想从你这里得到一个更优惠的价格，因为一般人都会认为初次要价会高一些，这时候你就可以从质量、服务等角度来打动客户了。总之，要灵活地运用以上各种方法去赢得客户。

7.2.2　还款方式麻烦

现在不管是使用信用卡还是购买信贷产品，客户都会考虑还款的问题。毫无疑问，还款方便，客户就愿意购买，反之，购买的就少。所以，当客户顾虑还款方式麻烦时，客户经理要做好引导，耐心地向其解释。首先，让客户了解常见的几种还款方式，内容如图 7-4 所示。

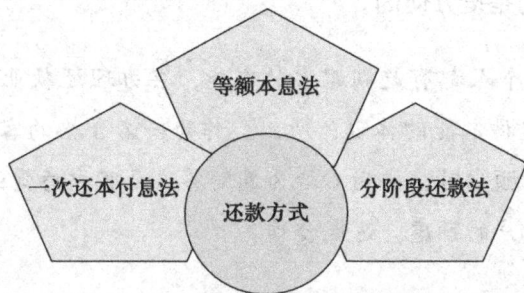

图 7-4　客户常见的还款方式

（1）一次还本付息法，即贷款人在贷款到期后连本带息一次性还给银行的一种还款方法，这种方法适合小额短期借款。

（2）等额本息法，也称定期付息，即贷款者每个月都支付相同的金额来偿还贷款本息的一种方法。需要注意的是，贷款人每月还款额中的本金比重逐月递增、利息比重逐月递减。

（3）分阶段还款法，即在不同的阶段，还款的数额不一样，适用于年轻人还房贷，如开始几年，每月只需还几百元，随着生活的稳定和工资的上升，所还金额逐年上升，这样压力相对较小。

当然还款的方式不止这三种，之所以向客户介绍还款的方式，就是为了让客户做出最好的选择，这相当于告诉客户，不要担心，总会有一种方式适合您。在向客户介绍完还款的方式后，还可以按照以下方法处理，以消除他们的顾虑。

（1）"等额本息法，听起来是麻烦了点，可是您应该考虑一下这种方法的优点，它可以减少您的利息支出和减缓一次性付本还息的压力，您也可以享受我行的优惠政策，这是多么好的事情。"

（2）针对客户的不同情况，给出不同的建议。如果是短期小额的贷款，建议客户使用一次还本付息法；金额比较大，时间比较长的贷款，则建议客户使用等额本息法；对于处在贷款初期、收益较慢的客户，则建议使用分阶段还款法。

（3）向客户展现我们的实力，彻底打消他们的顾虑。例如："我们银行一共有四万多个网点，遍布全国各个地方，您只要把钱存在还款的账户里就可以了，其实真的是挺方便的。"

> **小·提示**：每个人都有趋利避害的本能，在办理还款业务时追求简单避免麻烦就是这种本能的体现，所以，作为一名合格的客户经理，在面对客户所提出的顾虑时，要耐心地为其解答，让客户感觉到我们的诚意，这样才能消除客户的顾虑，达成合作。

7.2.3 额度有点少

每个客户都希望用最少的利息贷到最高的额度，可是一般情况下，这两者是无法兼得的，客户除了抱怨利率太高之外，还会抱怨贷款的额度太少，所以，怎样解决客户"额度有点少"的顾虑，是客户经理必须要考虑清楚的问题。具体可以按照以下几种方式来回答。

（1）"我们这款信贷产品主要做的是短期小额的贷款，对于大部分的客户来说足够了，如果您实在觉得不够，我向您介绍一款其他的产品。"

（2）"跟您解释一下，我们银行的贷款额度是逐级上升的，开始时额度都比较少，但随着信誉的增加，贷款额度也会不断地增加。一般情况下只能贷100万元，如果您想多贷的话，可以抵押其他的财产，这样额度就上去了。"

（3）"我们的贷款额度虽然有点少，但是批准的额度在贷款周期内可以多次使用，便于您周转资金，相信可以满足您的要求。"

（4）"在您贷款之前，我们会对您的还款能力做一个评估，您的职业性质、固定资产、还款记录、个人信用等都将纳入我们的考虑范围。如果您符合我们贷款的条件，多一些额度也是可以的。"

多与少是个相对的概念，客户经理在处理这个问题时，要与客户解释清楚，同时注意采取迂回战略，告诉客户虽然表面上看起来贷款额度不多，但只要采取合适的方法，小额度也会变大额度。

7.2.4 还款期限短

对银行而言，还款期限越短，资金周转就越快，不但赢利更多，而且比较安全，但是对于某些客户来说，他们却希望还款的时间能够延长，因为这样在一定程度上能够缓解其还款的压力，使其生活相对轻松一些，那么作为客户经理该怎么解决这种"矛盾"呢？你可以采用以下几种方式。

（1）"我们提供的是短期贷款，期限为一年，一般情况下一年时间足够您完成资金的周转了，所以您不要担心时间的问题。"

（2）"因为我们做的是短期小额的贷款，正是这类型贷款的性质决定了我们的还款期限相对比较短，虽然还款会有些压力，但在一定程度上也是一种动力，您要抓住机会，在最短的时间内实现最大的利润，这样的话，按时还款也就不是什么问题了。"

（3）"还款期限短，可以缓解您一次还本的压力，而且利息支出相对也较低，可以为您节约开支，这是一件好事儿。"

（4）"还款期限和贷款额度都是可以通过信用的积累慢慢提高的，信誉良好的客户可以在银行规定的范围内多次贷款，而且还款期限会逐渐延长。"

（5）"如果您有可证明的固定资产，就可以申请我们的个人商务贷款，这样的话还款期限就会延长很多。"

> 💡 **小·提示**：对于大多数的客户而言，小额贷款在一年的期限内是完全可以还清的，客户之所以觉得还款期限短，无非是想多争取些时间，从而缓解还款压力。客户经理要把握住客户的这个心理，从多方面为其分析，从而打消客户的顾虑。

7.2.5　贷款流程复杂

一直以来，不管是存钱还是借钱，人们首先会想到银行，因为它是最权威的金融机构，但是有时候银行的借贷效率并不高，所以造成一些客户存在着借贷的顾虑，觉得贷款流程太复杂，那么，作为客户经理应该怎样打消客户的这种顾虑，让其明白银行可以最快地把钱送到其手中呢？下面提供了几个解决方法。

（1）"您放心，我们的办事效率在同行中是处在前列的，一般情况下办理完手续的 3 个工作日内您就可以拿到贷款。"

（2）"我们的工作人员可以上门集中受理有意向贷款的客户们的申请，用最短的时间办理好所需要的手续。"

（3）"您可以按照银行的要求，事先把所有的材料都准备好，到时候直接办理手续就好了，其实很方便的。"

（4）"我们会陪您走完整个流程，即使中途有不顺利的地方，我们也会尽最大的可能帮您扫除障碍，直到您拿到贷款。"

（5）"对于信誉良好的老客户，可以走我们的'绿色通道'，享受一些特殊的优惠，例如：优先办理、优惠利率、简化流程等，这样的话，您就会节省很多的时间和精力，第一时间拿到贷款。"

客户在贷款时，要经过申请、盖章、评估等多道手续，通常东奔西跑之后也不一定能顺利地把钱拿到手，因此，不断地简化贷款手续，努力提高办事效率，对银行来说是十分重要的。而客户经理作为银行和客户沟通的桥梁和纽带，要积极地做好工作，使客户不再为贷款的事着急。

7.3　案例：邮政银行经理说服客户下上百万订单

良好的业绩得益于过硬的业务素质和日积月累的工作经验，每个客户经理都希望自己能完成数额比较大的订单，但不是每个人都能成功，现在我们来看一下邮政银行经理张鹏是如何说服客户下上百万订单的。

7.3.1　分析客户财务和非财务状况

在具体的实践中，要对客户的财务风险做出正确的评估，这样才能避免没必要的损失，而分析的内容不仅包括财务因素，还包括非财务因素。财务分析，即一种通过研究个人或企业看得见的经济活动（集资活动、投资活动、经营活动等）来对其整体经济能力进行分析和评价的经济管理活动，而非财务分析是指对财务之外影响贷款偿还的相关因素进行分析的过程。

只有这两方面都达到了标准，客户经理才可以把钱放心地贷给客户。

张鹏是某地邮政银行的客户经理，前段时间他成功说服了一个客户下了上百万的订单，当然，他并不是为了业绩随便找了个客户，而是在订单达成之前就对这位客户的财务状况和非财务状况进行了仔细的调查，确定客户有良好的还款能力后，才去说服客户。

下面我们先来看看张鹏对客户的财务分析包括哪些内容。

（1）对客户所经营企业的盈利能力比率、偿债能力比率、效率比率进行计算。这是银行决定是否要贷款给企业的3个重要指标，只有这3项指标都符合银行的规定，才能进行下一步的工作。

（2）注意现金和银行存款的问题。如每月的现金审核是否有人签字、银行账户的账单金额与银行日记账面的金额是否一致、银行账户上的余额是否真实等。

（3）调查清楚企业的固定资产和无形资产，尤其对于无形资产要进行全方位的考虑，避免企业虚增资产。

（4）对企业的应收账款和其他应收账款、应付账款和其他应付账款、存货、销售收入等都要进行深入的研究。

只对企业的财务状况进行分析是远远不够的，除此之外，客户经理还应该对其非财务状况进行深入的分析，具体包括以下内容。

（1）关注企业的经营范围。观察企业所从事的经营范围和注册登记的经营范围是否一致，以及企业所经营的产品之间有什么内在的联系。

（2）关注企业的重组情况，包括股东更换、产权变更、经营范围的变化、经营方向的转变、人事的变动、管理方法的改变等。

（3）关注贷款企业在行业内或社会上的口碑。好的口碑是企业最宝贵的无形资产，客户经理可以通过其以往合同的执行情况、消费者评价以及在监管部门的记录等来全面地评估其社会信誉。

（4）关注企业的诉讼与纠纷。可以翻查当地法院网站公布的案件，或者直接找相关人士询问。

（5）此外，企业的资质、产品技术水平、所占市场份额等都是客户经理所应该考虑的企业非财务因素。

💡 **小提示**：需要注意的是，即使对企业的财务状况和非财务状况进行了调查，也并不意味着一切都准备好了，毕竟短时间内想要完全了解一个企业还是比较困难的，后期还需要我们深入了解和调查。

7.3.2　根据客户需求设计个性化产品方案

销售大师乔·吉拉德曾经说过："我们的客户也是有血有肉的人，也是一样有感情的，他也有受到尊重的需要。"因此，销售员如果一心只想着增加销售额，赚取销售利润，并不真正考虑客户的需求，那么很抱歉，成交免谈。当今，消费者对于产品的需求日益多样化和个性化，所以对客户经理来说，能根据客户的需求设计个性化产品方案是非常重要的。我们来看一下张鹏为银行提出的建议以及他自身的做法，内容如图 7-5 所示。

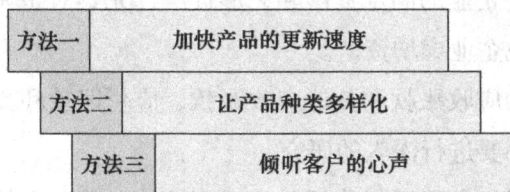

方法一	加快产品的更新速度
方法二	让产品种类多样化
方法三	倾听客户的心声

图 7-5　银行解决客户需求的方法

1.加快产品的更新速度

我们的生活方式和观念正以前所未有的速度变化着，越来越多的客户不再满足于已有的金融产品，因为有些产品在现在已经快被时代淘汰了，所以银行要加快速度开发出适合潮流的新产品，这样客户购买的概率才会增大，从而最大限度地留住客户。

2.让产品种类多样化

银行应该开发不同种类的产品，使产品趋于多样化，因为只靠守着固有的、单一的产品是无法获得客户的。所以要使产品风格多样化，这样不仅可以满足不同客户的需求，也能让不同层次的客户都能选到自己的最爱。

3.倾听客户的心声

客户经理要多参考客户的意见，并把有用的信息反馈给银行，要根据客户的需求来设计产品。由于市场是多变的，而人的观念和需求也会时常发生变化，所以，客户经理除了参考老客户的意见外，也要听听目标客户和潜在客户的心声。客户经理的工作就是为客户服务，只有知道客户的真实想法，才能有的放矢。

小·提示：一名优秀的客户经理不是一朝一夕炼成的，客户服务意识及技巧完全需要在实践中总结，只有牢牢地把握住了市场的脉搏，不断推陈出新，才能使客户满意，最终实现产品的售卖。

7.3.3 消除客户顾虑促成产品销售

银行客户经理在与客户交谈的过程中，要想取得客户的信任，就必须要消除客户对产品的顾虑，在此基础上激发起客户的购买欲望，这样才能最大限度地促成产品的销售。我们来看一下张鹏是怎样打消客户的顾虑，获得百万大单的。

张鹏："您好，向您推荐我们的一款理财产品。这款产品的安全性和收益都是比较高的，您可以了解一下。"

客户："听起来好像还不错，但是我想知道这款产品具体能给我带来什么？"

张鹏："是这样的，这款产品的年利率为 3.75%，比一般的储蓄产品收益都要高，而且满 3 个月后随时可以取款，除此之外，安全性能还好。"

客户："这么说还不错，就是好像从来没听说过这款产品。"

张鹏："这是我们银行前几个月开发出来的新产品，虽然面世时间不长，但是已经有很多客户购买了，反响特别好。您看，这是我做的客户销售记录。"

客户："这样啊，办理得多长时间？"

张鹏："很方便的，由于您第一次办理，我们给您走绿色通道。"

客户："那行，我们去办理手续吧。"

下面我们来分析一下这段对话。

客户在购买一款产品时，首先会考虑这款产品对自己有没有用以及能给自己带来什么。如果对客户用处不大，那么无论产品有多好，他们也是不会购买的。所以张鹏重点说明了产品能带给客户的利益，使其提起了对产品的兴趣。

接着客户又提出了另一个疑惑：别人有没有买？这其实就是一种寻求社会认同的心理，张鹏很好地把握住了客户的这个心理，通过呈现销售记录进一步打消了客户的顾虑。

最后，涉及程序的问题，每个人都希望简单高效地把事情办下来，而不想走烦琐的程序。这时张鹏告诉客户可以走绿色通道，最终使客户下了购买产品的决心。

> **小·提示**：客户经理既要维护好同老客户的关系，又要源源不断地开发新客户，一般情况下，由于彼此之间并没有建立起相互信任的关系，所以新客户对客户经理的话会带有怀疑，因而会有许多顾虑，这时候，客户经理要利用实践得来的经验耐心地为其解释，直至其疑惑消除，产品得以成功售卖。

第 8 章
处理客户拒绝

和客户的谈判并不会一帆风顺，甚至有时遇到的拒绝比接受多。在遭受客户拒绝的时候，客户经理应该首先判断客户拒绝的真假，然后采取一定的策略去处理客户的拒绝。

8.1 判断真假拒绝

不管是售卖什么产品，在向别人推荐的过程中总会有人拒绝，甚至嘲笑和谩骂，但是客户的拒绝并不意味着我们的产品将无人购买，其实只要抓住客户的心理，读懂客户的潜台词，产品依然可以卖得很好，因为有的时候客户并非是真心拒绝，他们只是想占据有利的位置，为自己争取更多的利益。那么客户常用的"借口"有哪些呢？

8.1.1 不信任：银行、经理和产品收益

客户在消费时都有怕受骗的心理。不管哪种类型的销售都存在着这么一个问题，即客户对营销人员大多存有一种不信任的心理，他们认为从营销人员那里所获得的有关商品的各种信息，往往不同程度地包含着一些虚假的成分，甚至还会存在一些欺诈的行为。

银行客户也不例外，他们不相信客户经理推荐的产品真的有其说的那样好，甚至对银行也抱有一种怀疑的态度，这时候如果客户经理再重复地介绍产品的优点，只会更加引起客户的反感。因此，在解决客户的不信任之前，让我们先来了解几点引起客户不信任的原因，内容如图 8-1 所示。

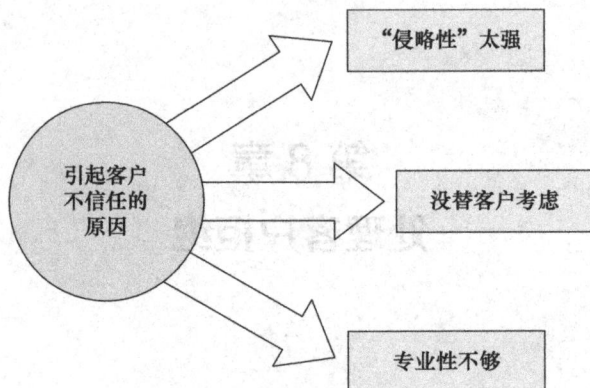

图 8-1　引起客户不信任的原因

1.“侵略性”太强

"侵略性"在这里是指客户经理只顾着滔滔不绝地宣传产品，而不考虑客户的实际感受。我们提倡锲而不舍的精神，但在向客户介绍产品的过程中要把握好分寸，同时也要运用科学的方法，否则就会引起客户的怀疑与抵触。

2. 没替客户考虑

没有真正站在客户的角度去考虑问题。有的客户经理总迫不及待地想把产品卖出去，而没有站到客户的角度去考虑问题，并不能很好地解决客户的需求，从而导致客户的不信任。

3. 专业性不够

当客户提出问题时，客户经理如果不能精准地回答，无疑会让客户对你产生怀疑，不购买你的产品也是意料之中的事。

下面我们来看一个导致客户不信任的案例。

耿杰是某银行的客户经理，有一次他向一家企业的老总推销一款理财产品，进门以后耿杰先亮明身份，然后就开始向客户介绍自己的产品："您好杨老板，我们这款产品是最近刚推出来的，适合短期理财，年收益能达到 4%，现在已经卖出去了许多款，哦，还有，产品的安全性也很好，您如果购买了这款产品，一定能够收益不少……"

在耿杰介绍产品的过程中，杨总的态度不冷不热，等耿杰介绍完了以后，杨总告诉他 ×× 银行的客户经理也找过他，价钱更便宜，安全性能和收益更高，购买的人也挺多……然后问他是否能在这几方面都让点利，耿杰面对客户的询问无从回答，最终没有获得客户的信任，推销失败。

那么，怎样做才能获得客户的信任呢？内容如图 8-2 所示。

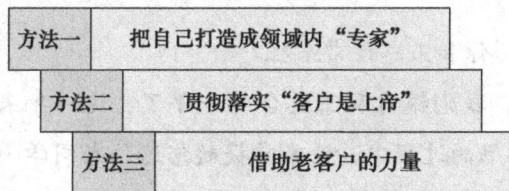

方法一	把自己打造成领域内"专家"
方法二	贯彻落实"客户是上帝"
方法三	借助老客户的力量

图 8-2　获得客户信任方法

1. 把自己打造成领域内"专家"

只有专业的客户经理才能引起客户的信任，客户经理不但要对产品有全方位、深层次的研究，还应该对整个市场有所把握，同时，对一些经常接触的东西也要尽可能做到最好，例如：对于市场的开发、维护、产品的推广、团队的管理、财务的管理等知识都要有所精通。

2. 贯彻落实"客户是上帝"

要把"客户是上帝"这句话贯彻到实际活动中。一般情况下，当客户经理介绍一款新的产品时，客户通常会提出一些问题和要求，这时候，即使你完全不认同客户的话，也一定要让他讲完，只有这样，客户才有被尊重的感觉，满足他作为"上帝"的心理，那么即使你的下一步是委婉地拒绝，客户也不会认为你敷衍了他，而会考虑你的为难之处。

在否定客户的观点时，也要谦虚谨慎，用客户容易接受的说法指出。这样客户才能维持自己的面子，保持良好的形象，从而与客户经理建立相互信任的关系。

3. 借助老客户的力量

赵鑫是某银行的客户经理，他工作勤奋，踏实上进，在客户中有着不错的口碑。有一次，在赵鑫要开发周边新的市场的时候，他请王总帮助自己介绍客户，王总非常爽快地帮他介绍了自己的高中同学李总。然后赵鑫就去拜访了李总，过程如下。

赵鑫如约来到了李总办公室，他面带微笑，先向李总做了自我介绍，然后非常诚恳地说："李总，非常感谢您在百忙中抽出时间与我见面。"

李总："不用客气，老朋友介绍的一定很优秀，我也很高兴见到你。"

赵鑫："您过奖了，王总和我说，跟您谈业务最痛快不过了。他夸赞您是一位热心爽快的人。"

李总："哈哈，你和王总经常来往？"

赵鑫："是的，我们银行和王总合作一年了，这一年来，我们合作得非常愉快。在我们接触的过程中，他常常提起您这位老同学……"

李总："难怪王总会推荐你，小伙子人不错。"

就这样，赵鑫打开了李总的心理防线，并令李总对他产生好感，让李总能够聆听他的讲解，为接下来赢得客户信任打下了良好的基础。

> **小·提示：**世上没有什么事情是绝对的，矛盾的双方在一定条件下是可以转化的。面对客户的不信任，客户经理并不是无计可施的，而是要认真分析引起客户不信任的原因，不断提高产品的质量和服务的水平，并运用科学的方法和客户沟通，这样与客户建立信任关系也就不是什么难事儿了。

8.1.2 不需要：潜在需求没有被挖掘

当客户用"不需要"当借口拒绝你的时候，并不意味着他绝对不会购买你的产品，有的时候仅仅是因为客户的潜在需求没有被很好地激发出来，所以"如何更好地挖掘客户的潜在需求"是客户经理必须要认真思考的一个问题。下面我们提供以下几种方法（见图8-3）。

一	对客户关心，要有"精益求精"的精神
二	在与客户谈话过程中要认真观察
三	把握客户需求层次，进行共同营销

图8-3 挖掘潜在需求的方法

1. 对客户关心，要有"精益求精"的精神

在与客户接触的过程中，要把自己对客户的关心表达出来，要不断地提高产品的质量和服务的水平，从而得到客户的认可。必须要注意，只有我们表达出服务客户的强烈欲望，他们才能被影响，才能自然地表露出一些潜在需求。

2. 在与客户谈话过程中要认真观察

在与客户谈话时，要观察客户，包括其言行举止、衣着打扮、面部表情等，只有在仔细观察客户的基础上才能更好地发现客户的潜在需求。

3. 把握客户需求层次，进行共同营销

一般来说，客户对银行的需求包括安全需求、利益需求、服务需求、情感需求和成长需求，这些需求是逐级递增的，一般情况下，只有在低一级的需求得到满足之后，人才会追求更高层次的需求。客户经理要对客户进行深入的了解，判断其处在哪一层的需求上，然后在此基础上给客户推荐高一个等级需求的产品，以激发客户的潜在需求。

此外，各种提问的方法，如换位思考法、认真倾听法等都可以运用在激发客户的潜在需求上。我们来看一个成功挖掘客户潜在需求的案例。

客户经理："阿姨，您好，请问您办理什么业务？"

客户："我想办理汇款业务。"

客户经理："那您想汇给谁呢？是本省的账户吗？"

客户："哦，我儿子，给他的生活费，在外省。"

客户经理："阿姨，那您儿子在上学还是在工作呀？"

客户："他还在上学，今年刚大一。"

客户经理："那我建议您办理网上银行汇款。这样以后在家就可以直接汇款了，而且手续费还挺优惠，这样就会给您带来很大的方便。"

客户："这个安全吗？现在好多网络诈骗呢！"

客户经理："您放心，我们银行的网银采用国际公认的最先进的加密安全算法，而且走的是固定的网络通道，完全可以确保您的资金安全，我和我的同事，还有很多客户都在用，所以安全方面您完全可以放心。"

客户："你刚才说手续费也有优惠？"

客户经理："是的，与柜台汇款相比，网上银行要便宜很多，而且同行之间转账，是不收手续费的。"

客户："那真是太好了，你现在就帮我开通吧。"

正如上述案例所示，客户的需求是可以被引导、被挖掘的。现实生活中，有很多客户经理沟通能力很强，但是销售能力却一般，总卖不出去产品，究其原因就在于他们并不知道客户的需求，也没有试着挖掘客户的潜在需求。所以，客户经理在与客户沟通的过程中，要一步步地培养其需求，直到潜在需求变为明确的需求。

8.1.3 不合适：客户想买更好的产品

客户经常会以"不合适"为理由拒绝购买客户经理推销的产品，他们认为，这些产品的品质离他们的期望值还有些距离，所以想要从其他地方购买更好的产品。面对这种情况，客户经理不能束手无策，而应该讲明产品的优势所在，积极地引导客户完成产品的购买。下面我们先来看一个处理不当的例子。

客户经理："您好，刚才为您介绍的这款理财产品您觉得怎么样？"

客户："我觉得不太合适，我想买更好的产品。"

客户经理："不会吧？我们这款产品卖得很好的，这已经是市场上最好的产品了，您是不是弄错了？"

客户："我需要什么，自己很清楚，怎么会弄错？"

客户经理："好吧，您这样说我也没其他办法了，您自便。"

在这样的对话中，客户当然不会购买你推销的产品，所以，客户经理在向客户解释的过程中要注意以下几点忌讳（见图8-4）。

忌不自信　　忌争强好胜　　忌不专业

图8-4　与客户谈话中的忌讳

1. 忌不自信

当客户说产品不合适的时候，不能表现出慌乱或是尴尬的表情，行为举止也应该落落大方，要相信自己是这个领域的行家，一定可以说服客户。因为有的时候，客户口中的"不合适"仅仅是个口头禅而已，并不代表什么。

2. 忌争强好胜

客户提出与自己相左的意见时，一定不要和他起正面的冲突，不能顶撞和嘲笑客户，要时刻提醒自己：客户永远是对的。

3. 忌不专业

客户提出疑问时，要从专业的角度为其解释，这样就会增加客户的信任，从而愿意更深入地去了解产品。

那么，面对客户说"不合适"的情况，正确的做法是怎样的呢？我们看看另一位客户经理是怎么做的。

客户经理："您好，刚才为您介绍的这款理财产品，您觉得怎么样？"

客户："我觉得不太合适。"

客户经理："哦，那您是觉得我们这款产品有什么不足的地方吗？"

客户："其他方面都挺好的，就是收益比其他银行的同类产品低一些，我想买个收益高一点的产品。"

客户经理："您说的确实是事实，可是我们在购买理财产品时，除了考虑收益的问题外，还要考虑安全性、售后服务的问题，您应该知道安全感和良好的体验并不是用钱就可以买得到的。"

客户："你这么说好像还有些道理。"

客户经理："您就放心购买吧，我们银行的很多老客户都买了，您看，这是销售记录。"

客户："哈哈，这么说我得赶快下手了，走，办理手续去。"

所以，我们要向上述案例的客户经理学习，在面对类似的问题时做到：认真倾听客户的心声，对客户不满意的地方进行详细且专业的解释，而且能根据客户提出的建议和要求不断地完善产品，尽可能最大限度地满足客户。这样，我们的产品才能得到很好的销量。

8.1.4 不着急：对产品了解还不够透彻

除了以上所说的不信任、不需要、不合适外，客户通常还会以"不着急"为理由来拒绝购买产品。当客户说出"不着急"时，客户经理要读懂他的言外之意，即：对产品了解不够透彻，需要进一步的考虑。这时候，如果你什么都不做，就会造成客户的流失。因为"货比三家"之后，客户基本没有再回来的可能性了。

面对这种类型的客户，一般我们应遵循两个原则，一是耐心地与客户交流，了解他为什么不进行购买的真实想法，再以此为突破口去说服客户，当这一条行不通的时候，我们再用第二条，即设定一个标准，让客户按照这个标准去衡量其他的产品，比较之后再回来。下面我们来看一个案例。

客户经理："先生，您好，刚才您已经看过我们的宣传单了，您觉得我们这款理财产品怎么样？"

客户："看介绍觉得还不错，不过不着急购买，我再考虑考虑。"

客户经理："哦，这样啊，宣传单上写得比较概括，我再为您详细介绍一下。我们这款产品是专门针对小额短期理财的，没有金额和时间的限制，安全性没得说，和一般的存款差不多，利率也比以往的理财产品要高一些，而且您只要打开手机银行，就能看到每天的收益，这么好的产品您还犹豫什么呢？"

客户："其实我主要是担心安全的问题。"

客户经理："您放心，保证客户财产安全是我们银行工作人员的使命，您的财产只会有增无减。"

客户："听你这么一解释我就明白了，这款产品确实不错，我买了。"

上述案例中的客户经理在客户说了"不着急"后，并没有放弃，而是详细地向客户介绍了产品，进一步加深了客户对产品的认识，并且在客户说出顾虑之后能够很好地解答，因此产品得以售卖。

在上述案例中，客户经理遵循的是第一条原则，下面我们再来看一个运用第二条原则的例子。

客户经理："先生您好，看了我们的宣传单，我想您对我们的产品已经有了大致的了解了，您打算入手一款吗？"

客户："不着急，再等几天吧。"

客户经理："您的打算我能理解，我再为您仔细地介绍一下这款产品，您可以当作一个参考的意见，等您考虑好了，随时都可以来购买，我们这款产品是……"

客户："恩，谢谢啦，产品我已经了解了，考虑好了就来购买。"

客户经理："好的，期待与您的下一次见面。"

三天后这位客户买下了这款产品。

在客户没下定决心购买产品的时候，不能一直给他们加压，有时候客户经理要能体会"无欲则刚"的道理，因为客户这时候就像是一条绷紧的橡皮圈，你一直给他加压，就随时都会有崩断的可能，只有因势利导，方可成功。

客户经理在实际的工作中要学会运用这两条原则，读懂客户的言外之意，并做到"对症下药"，使客户的"不着急"变成"迫不及待"，从而更好地实现产品的售卖。

8.2　处理拒绝的五大策略

身为客户经理，被客户拒绝是家常便饭，拒绝推荐，拒绝介绍，甚至拒绝见面。每一次拒绝都意味着一个推销机会的丧失、一次产品售卖的失败、一个目标客户的流失。但是，被拒绝并没有想象得那么可怕，下面我们就来讲一下正确处理拒绝的五大策略。

8.2.1　假处理：没钱不要紧，您先了解一下

在推销产品时，总会听到客户说类似的话："不好意思，我现在没有钱，等有了钱再买。"乍一听，这个理由真的是无懈可击，毕竟客户没有钱，就是说破嘴皮也没用。但是，听多了，我们就知道，更多的时候，这仅仅是一个借口，只要方法得当，还是可以把客户拿下的。

下面我们先来看一个成功说服"没钱的人"购买产品的案例。

客户经理："大爷，您好，我是××银行的客户经理，想占用您一点时间，给您介绍我们银行的一款理财产品。"

客户："我觉得你还是找其他人去吧，不管你的产品有多好，我都买不起，因为我没钱。"

客户经理："谁都会有个资金周转不灵的时候，您是否买得起不要紧，先听听我的介绍，说不定您会感兴趣的。"

客户："那行，你说说吧。"

客户经理："我们这款产品是专门为退休老人打造的，属于中长期的储蓄产品，年利率最高可达 3.85%⋯⋯"

客户："这款储蓄产品的利息真有这么高？"

客户经理："当然是真的了，所以我才给您推荐，这样的话，每年您可以有不少的收入呢，以后您就不会说自己没钱了。"

客户："哈哈，好，我买了。"

接下来提供给客户经理几种方法，以应对（见图8-5）客户"没钱"的情况。

降低客户的需求层次

让客户分期付款

满足客户的真实需求

图8-5　假处理方法

1.降低客户的需求层次

通常情况下，客户觉得没钱是因为他的需求与自身的财力并不匹配，这种高出自己经济水平的需求是由个人心理和社会环境等因素共同决定的。客户经理要针对客户的心理特征和实际情况，帮助其确定真正适合自己的需求，这样既能帮客户树立理性消费的观点，又能达到售卖产品的目的。

2.让客户分期付款

如果采取降低客户需求层次的方法不起作用，并且客户确实无法一次性付清产品的全款，这时候，可以为其推荐分期付款，当然前提是客户得有稳定的收入、良好的信用和还款能力。

3. 满足客户的真实需求

这是销售过程中最重要的一个环节，大多数客户所谓的"没钱"只是一种推辞，其实只要能够知道其真正的需求，并推销其感兴趣的东西，一样可以推销成功。

所以，只有不断地总结在推销过程中遇到的各种问题，并进行认真的思考和分析，才能更好地应对客户所提出的种种借口，成长为一名优秀的服务人员。

8.2.2 否定法：可能是误传，我们的产品

客户在听完客户经理的介绍后，有时候会说类似这样的话："我听说这款产品一般，并没有你介绍得那么好，我还是不买了"，我们首先应该知道，客户说这话有两种可能，一种是他真的听说了有关产品不好的消息，另一种则是他的购买欲望不强烈，随便找了一个借口。那么，在这种情况下，客户经理该怎么做呢？我们提倡运用否定法，但不提倡以下几种错误的否定法。

（1）"不会啊，我们的产品很好的。"

（2）"这款产品就是这样的。"

（3）"我们银行就没有质量不好的产品。"

第一种说法直接反驳客户，这样应对，客户的心里肯定不舒服；第二种则给客户一种"爱买不买"的感觉；第三种做法更加不可取，我们是为客户服务的，不能在他们面前表现出盛气凌人的样子。

那么，怎样正确地运用否定法呢？

可以变劣势为优势，在否定中肯定。可以把客户眼中的不足转化为产品独有的特点，通过向客户耐心地解释，使其相信我们所推荐的商品正是他所需要的，从而达到推销的最终目的。我们来看个例子。

客户经理："您好，打扰一下，我是 ×× 银行的客户经理，占用您一小会儿时间，给您介绍一款储蓄产品。"

客户："哦，这款产品我听邻居讲过，好像比较一般。"

客户经理："我觉得可能是误传，刚才我也为您做了详细的介绍，您是哪方面不太满意，是安全性？还是收益？或者其他方面？"

客户："其实我主要觉得收益没有其他银行的高。"

客户经理："您说的确实是事实，表面上看，这款产品的收益相对是比较低，那是因为银行会把一部分钱用在维护您的账户安全上，而且，这款产品最大的特点就是可以随时存取，利率都是固定的，并不会因为您存的时间短而影响您的收益，这样算下来，其实收益并不低。"

客户："原来是这样，那行，我买一份。"

如果客户不是故意刁难，那他们的顾虑就是客户经理销售产品的突破口，明确其顾虑，认同其顾虑，打消其顾虑，是客户经理在这个过程中所要做的事情，这样才能更好地说服客户。

8.2.3　询问法：您是不相信我还是不相信我们的产品呢

工作中，经常会碰到怀疑型客户，面对客户的不满意，你一定不要受客户的影响，要始终对产品充满信心。但需要注意的是，不要认为口才可以解决一切问题，因为有的客户根本不会听你所言，说太多，反而会使客户更加反感，这时候，可以试着用询问法先了解客户的真实想法，再采取相应的策略。我们先来看一个例子。

客户经理："您好，刚才为您介绍的这款产品您觉得怎么样？"

客户："恩，我考虑了一下，暂时没有购买的打算。"

客户经理："这样啊。假如您想要购买一款理财产品，您希望它是怎样的？"

客户："安全性高、收益多、办理方便、操作灵活。"

客户经理："哈哈，您所说的不就是我们这款产品吗？完全符合您的期望，您说还要考虑，是不相信我还是不相信我们的产品呢？"

客户："说实话，我觉得你们的产品并没有宣传得那么好。"

客户经理："我能理解您的这种顾虑，您放心，我们不会进行虚假宣传的，因为这样做轻则声誉受损，重则触碰法律，于人于己都是不利的。现在给您看一下我们这款产品的销售记录和反馈意见，相信可以打消您的疑虑。"

客户："看来这款产品还真的挺好的。"

那么，使用提问法的过程中应该注意哪些问题呢？其内容如图 8-6 所示。

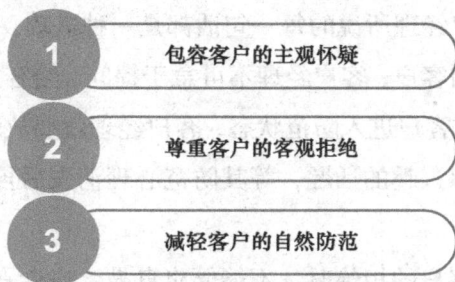

图 8-6　提问法注意问题

1. 包容客户的主观怀疑

有一种客户特别注重自我，在购买产品时，他们会常常会受到以往经验或是主观想象的影响。如"我听说过这款产品，它并没有像宣传得那样好""怎么所有的产品都差不多，一点新意都没有""我听朋友说过，他购买的这款产品收益并不好"等。

客户经理经常会在对客户的提问之后得到上述主观性的怀疑。事实上，这种类型的怀疑，还是比较好处理的。例如，客户经理完全可以不对客户的主观意见进行实质性回应，不与他们产生争论，等客户发泄完他的不爽后，再用自己的真诚和友好打动他。当客户经理表现得足够耐心和宽容时，客户自然也就不好意思再固执已见了。

2. 尊重客户的客观拒绝

很多时候，必须要承认，有的客户拒绝产品并不是单纯的主观因素所造成的，而是有一定的依据的。这类客户通常比较理智，而且有些客户已经对同类产品有了很多了解，所以想要说服他们要花费一些心思。

要承认客户所说的事实，并设法转移他们的注意力。重点跟客户突出产品的优势。例如，"王先生，这款产品的利率确实没有同类产品高，但是它的灵活性和安全性却是其他产品比不上的，我们选择理财产品，安全才是最重要的。"这种情况下，客户经理说话要委婉动听，给客户最大的尊重。

3. 减轻客户的自然防范

有很多人，一见到推销产品的人心里自然就设了防线，所以他们本能地拒绝与客户经理沟通，或者在沟通中采取种种方法使客户经理知难而退，因为对他们来说，客户经理所说的每一句话都是一种进攻。

面对这种类型的客户，客户经理不可急于提问，给客户步步紧逼的感觉，无论如何，一旦发现客户进入防范状态，客户经理就要放缓"进攻"的节奏，可以先谈一些客户感兴趣的话题，等其防范心理消失后再渐渐地把话题引向产品。

总之，在面对客户的拒绝时，不能偃旗息鼓，或者丧失自信，承认自己的失败，只要我们正视拒绝，善于沟通、巧用提问，找到打开客户心门的那把钥匙，成交就不是问题。

8.2.4 举例法：我的一个客户

当客户经理介绍完一款产品，客户普遍会有一个疑惑，那就是"你讲的是不是真的？真有那么好？"面对客户的这种疑虑，我们要怎么办呢？有句俗语说得好："事实胜于雄辩"，有的时候，当我们向客户推荐产品时，与其滔滔不绝地讲产品有多么好，还不如直接展示一个真实的例子。

为什么要用举例子的方法呢？

1. 语言通俗易懂，便于客户理解

其实任何事情都可以通过故事的形式来进行表达。一方面，故事的这种形式更能提起客户的兴趣，另一方面，故事的语言也不是太专业化，便于客户更好地认识产品。

金融领域的知识体系太过庞大，有的时候，即使客户经理能解释清楚，客户也不一定能听懂，所以直接告诉客户最关心的就好了，这时一个小小的故事就会给客户更深刻的了解。

2. 对客户进行潜移默化的影响

销售的过程是一环扣着一环，举例子并不是为了娱乐，在这个过程中，客户经理已经把产品相关的信息传递给了客户，对客户进行着潜移默化的影响，会更有利于成交。

下面我们来看一个案例。

客户经理："先生您好，刚才业务员介绍的那款理财产品您觉得怎么样？"

客户："还行吧，我考虑几天再过来购买。"

客户经理："您对我们的产品有什么不满意的地方吗？或者您有其他顾虑？"

客户："倒是没有不满意的地方，我和家人商量完再过来吧。"

客户经理："您第一次接触我们的产品，有疑虑我能理解，但我觉得您还是尽快入手为好，毕竟每天都有利息呢。和您一个小区的王叔叔也买了这款产品，前几天我打电话进行用户反馈，他说这款产品比之前用过的收益都要大，而且打算再多投一些本金进去，您也就别犹豫了。"

客户："老王也买了？哈哈，那我就放心了，我们去办理手续吧。"

举例法虽然能起到良好的效果，但是也不可滥用，以下几点要多加注意（见图8-7）。

一	注意所举例子的真实性和"度"的把握
二	注意与客户的"互动"
三	注意要举最契合的例子

图8-7　举例法注意事项

1. 注意所举例子的真实性和"度"的把握

所举的例子必须要真实，在向客户讲述的过程中最好不要用文绉绉的书面语，或者华丽的词汇，声音也要避免太严肃和太夸张，最理想的状态就是像朋友一样很放松、很随意地交流。

2. 注意与客户的"互动"

在向客户举例子的时候，切忌自己一直不停地说而忽略客户的感觉，这期间，我们可以通过眼神、动作等吸引客户的注意力，要通过对方的眼睛获得他对你的讲述的认同。

3. 注意要举最契合的例子

首先要了解客户的基本信息，然后找一些客户熟悉的人的例子，接着围绕讲述的目的找到切入点，做到"对症下药"。

总之，要能熟练准确运用能证明自己观点的资料，一般来说，客户看了这些相关资料会对你的产品更加了解，也会对你更加信任。举好的例子，讲好的故事，才能赢得好的客户。

8.2.5 转移法：是您老公不同意吗？但您一定比较精明

有的客户在拒绝时总喜欢把拒绝的原因归根到别人身上，然后留给客户经理一种没有说话权的感觉。在这个时候客户经理不要轻易放弃，最好的办法是顺着客户的话去进行话题转移，最后再回到出发点上。

例如，你在进行产品推销的过程中，经常会听到类似于这样的借口："产品挺好的，但是我老公估计不愿意"，客户以一种很遗憾的状态终结了你的介绍，这会让你觉得这个人没有决定权，继续向她介绍也不行了。既然如此，就不能再从这位客户自身来谈，因为这一个借口足以抵挡你所有的说辞，最好的办法就是顺着她的话题进行转移。

当你听到客户说自己老公不太同意的时候，就可以这样回答："您老公不同意是吗？那他一定是比较慎重了，家庭里有一个比较谨慎的老公还是挺让人放心的。但是我们的这款产品安全性非常高，收益也可以。可以看得出您是一个比较精明的人，您应该也觉得这款产品很不错。相信把这个产品和您老公介绍清楚，他一定就会明白了。那不如这样，我晚上到您家里一趟，我们俩一起和您老公谈谈，您觉得可以吗？"

> **小·提示**：这样的说法不仅完全化解了客户以他人当借口的说辞，还把客户以及她的家人都夸了一通，想必经过客户经理这么顺其自然的夸奖，客户自然就很容易心动了，就会有极大的可能同意下次你的拜访。而在下一次的拜访中，只要使他们明白产品的利好之处，成功的可能性就更大了。

把借口推脱到其他人身上，表示自己也很无奈是很多客户喜欢用的一个借口，这往往也会让客户经理不好处理。有些人在面对客户这种说辞的时候，往往会这样说："你怎么连这个家都当不了啊！"或者是"你在这个家里这点地位都没有吗？"这样类似的话语完全不尊重客户，客户在听了这样的话后，往往会感到气愤，有很大的可能会立即终止和你的谈话，甚至会把你拉入黑名单。

　　所以，遇到这种情况最明智的做法就是顺着客户的思路去谈，把话题巧妙地转移到其他方面，最后再回到产品上，完全封掉客户的后路，使客户没有其他借口再来推脱。

第 9 章
客户投诉处理方案

在办理业务的时候，不可避免地会接到一些客户的投诉，面对这些投诉，银行客户经理只有做好后续处理工作，才不会影响到自己的声誉并避免对以后工作造成的不良影响。客户经理在接到客户的投诉之后，除了正常地处理之外，还需要分析客户抱怨的原因，从中总结经验，避免犯同样的错误。

9.1　如何面对投诉抱怨的客户

受到客户的投诉和抱怨并非什么罕见的事情，抱怨虽小，却事关重大，处理好了就能"化干戈为玉帛"，而处理不好则不单是损失一个客户的问题，甚至会影响银行的声誉。所以，我们有必要掌握几种处理客户投诉的方案。

9.1.1　先致歉，不与客户正面冲突

美国心理学家盖瑞·查普曼曾说："在你的生命中最重要的关系里，有一种东西是你必须付出的，而且需要勇气和真诚才能实现，它就是道歉。"学会"道歉"对客户经理来说更是一门必修课，这样面对投诉的客户才能从容应对，不至于起正面的冲突。

一般情况下，引起客户抱怨的原因有两种，所以客户经理在道歉时也要分清情况。第一种投诉的原因完全是由客户的误解造成，如没有对产品进行深入的了解，自己情绪不好归咎于产品等。在这种情况下，客户经理要先听客户讲完，因为往往在客户陈述的过程中就慢慢将不满发泄了出去，然后客户经理再针对给客户造成的不便进行道歉，真诚地表达出理解，再耐心地讲解客户误解的问题。

客户经理："您好，您需要办理什么业务呢？"

客户："办理业务？你们就是骗子，我再也不相信你们银行了。"

客户经理："我们哪里做得不好，一定会改正，您慢慢说。"

客户："去年我来办的存款利率是 2%，今年已经上升到 2.5%，为什么我的利率不上调。"

客户经理："很抱歉给您带来了困扰，是这样的，由于您办理的是整存整取的业务，所以到期取款是按当时的利率算的，也就是说，现在利率的上升和下降对您的收益都是没有影响的，这是整存整取的特点，任何银行都一样的。"

客户："哦，原来是这样，不好意思，之前没弄清楚。"

客户经理："没事的，我们的职责就是为客户服务，欢迎您再来。"

客户："一定，下次还来。"

第二种投诉的原因是客户经理由于业务不熟练或过分夸大产品的优点而导致的客户的投诉。如果是由自身原因导致的客户投诉，就要勇于承认自己的错误，不能再次欺骗客户，最重要的是要在道歉后做出相应的赔偿措施，不然仅仅口头上的道歉会给客户一种敷衍了事的感觉，反而会使得客户更加反感。

客户经理："您好，很高兴再次见到你。"

客户："我其实不太高兴见到你，毕竟你是个骗子。"

客户经理："您怎么这么说呢？我哪里做得不好您说，我一定改正。"

客户："去年你向我推荐了一款理财产品，说每个月的收益都会在 4% 以上，可实际情况是，达到这个标准的只有 3 个月，其他几个月平均也就 3%。你说，你这不是骗人吗？"

客户经理："不好意思，您先消消气，可能是我当时没有向您介绍清楚，还希望您原谅。您的实际收益和预期收益的差额我会拿自己的钱补给您，您看，这样处理您还满意吗？"

客户："其实也没差多少钱，我就是觉得受了欺骗，心里不舒服，既然你都这样说了，我又怎么好意思拿你的钱，也许是我当时听错了，还是算了。"

其实，多数的客户都是明事理、讲人情的人，只要客户经理能对他们的抱怨做出诚挚的道歉，并去认真地对待，用心地处理，就能化解他们心中的怨气，这样才能赢得越来越多的客户。

9.1.2　以平常心看待，不先入为主

在工作中，银行客户经理会经常遇到一些投诉问题，很多时候却总是先入为主，认为投诉完全是客户个人的问题，却没有意识到投诉的本质，即客户对产品、服务等产生不满而引起的抱怨，是对企业的失望。如果客户经理在处理客户的投诉时不能以平常心对待，无疑会流失很多客户，给银行带来很大的损失。

客户经理："您好，请问您办理什么业务呢？"

客户："我要投诉！"

客户经理："投诉啊？因为什么啊？"

客户："3个月前，我从你们银行购买了一款理财产品，本来还想着赚点钱，可是现在本金都赔了不少，你说，这怎么解决？"

客户经理："您购买的产品是属于高收益高风险的产品，并不是保本产品，您要是投诉我们，就有点无理取闹了。"

客户："我无理取闹？我赔的钱怎么办？"

客户经理："这我也没办法，买这款产品的人多了，就您一个来投诉，您说这是谁的问题。"

客户："我的错，行了吧？"

客户经理："我没办法和您沟通了，您自便。"

很明显，这位客户经理的做法很不成熟，那么正确的做法是什么呢？其内容如图9-1所示。

做法一	以平和的心态，向对待朋友一样对待抱怨的客户
做法二	认真聆听客户的抱怨，必要时要记录下来
做法三	不要当面否定客户的投诉抱怨

图9-1　处理客户投诉时的做法

1. 以平和的心态，向对待朋友一样对待抱怨的客户

友好地接待抱怨的客户，可以先为他们倒一杯茶、递一盘甜点等缓和一

下客户不满的情绪，让客户感受到我们的友好。

例如，有些性子比较急的客户在办理银行业务的时候会觉得排队很麻烦，所以常常会抱怨银行的服务不周到，一般情况下，并没有人会重视这个问题，毕竟只有极个别的人会表现出来，但是对于经验丰富的客户经理来说，他们是没有这种先入为主的观念的，他们会为客户倒一杯水，并陪他们聊天。客人受到礼敬，便不好意思再说什么了。

2. 认真聆听客户的抱怨，必要时要记录下来

不管客户的抱怨合不合理，我们都要认真地听完他们所说的话，还要做好记录，一方面当作我们改进产品的建议，另一方面还能向客户展示出我们对他的尊重，缓解紧张的气氛。因为人在情绪激动的时候，是很难听进去别人的意见的，我们能做的就是安静地听，认真地记。这样的话会拉近与客户之间的距离，并为下一步妥善地处理抱怨做好准备。

3. 不要当面否定客户的投诉抱怨

有的客户的投诉抱怨是合理的，但是也不排除有一些无理取闹的客户的存在，面对无理取闹的客户，客户经理不能不去理睬，更不能当面反驳他们说的话，否则，非但解决不了问题，事情反而会越闹越大。

总之，面对客户的投诉抱怨，先入为主的观念是要不得的，客户经理的职责就是要与客户建立友好的关系，多一些理解，少一些偏见，多一份平常心，少一份先入为主，这样，我们才能更好地处理客户的抱怨，才能与其建立起友好信任的关系。

9.1.3 团队作战，寻求同事帮忙

德国著名哲学家亚瑟·叔本华曾说："单个的人是软弱无力的，就像漂流的鲁滨逊一样，只有同别人在一起，他才能完成许多事业。"对客户经理来说，学会团队作战也是一门必修课，因为个人的力量毕竟是有限的，有时候借助队友的力量，才能更好地解决客户抱怨的问题。

下面先来看一个找同事帮忙的例子。

客户经理 A："阿姨，您好，我是这儿的客户经理，有什么能帮得上您的吗？"

客户："我前几月买了你们银行的一款理财产品，当初你们介绍说可以在手机银行上提取收益，可是我昨天想要提出一些收益却不可以，这是怎么回事？我觉得你们在欺骗客户。"

客户经理 A："您先冷静一下，您购买的那款产品是一年期的，也就是说，等到一年之后才可以。"

客户："真的是这样吗？"

客户经理 A："当然了，我的同事小王也购买了和您一样的产品，我让他和您解释一下。"

小王："阿姨好，您的担忧刚才客户经理已经和我说了，其实这就是这款产品的特点，实质上和定期存款是一样的，只有到了期限您才可以提取收益。您看，这是我的手机银行，这款产品的收益我也提不出来，所以您也别着急。等期限满了，自然就可以了。"

客户："你这么说我就放心了，你们银行的工作人员都买这个产品，那一定不会错的。"

小王："那当然啦，主要是您的眼光也好，哈哈。"

客户："小伙子真会说话，谢谢你，我回去了。"

小王："这是我们应该做的，您慢走。"

上述例子向我们展示了同事的重要性，有时候我们花很大功夫都解释不清的问题，也许同事三言两语就可以搞定。那么，团队作战时应该注意哪些问题呢？其内容如图 9-2 所示。

1 目标明确，战线统一

2 百家争鸣，百花齐放

3 互帮互助，共同成长

图 9-2　团队作战注意问题

1. 目标明确，战线统一

我们知道"一双筷子轻轻被折断，十双筷子牢牢抱成团"的道理，只有团队中的成员一条心，朝着一个共同的方向努力，才能剑锋所指，所向披靡。否则不管单个个体有多优秀，都不会取得很大的成就。

2. 百家争鸣，百花齐放

所谓"百家争鸣，百花齐放"是指团队中的成员要各有所思、各有所长、各有所专，在面对不同的问题时都能很好地应对。

3. 互帮互助，共同成长

团队成员之间要做到相互帮助，真正做到"急人之所急，需人之所需"。并且不吝于把自己知道的知识和经验告诉同事，这样团队氛围才会其乐融融，可以更好地处理一些问题。"

总之，不管我们个人的能力有多强，客户经理都要记得自己不是一个人在战斗，正所谓"同心山成玉，协力土变金"，只有懂得团结协作，才能更好地克服困难，甚至创造奇迹。

9.2 分析客户投诉抱怨的原因

遇到投诉抱怨并不可怕，可怕的是从不去认真分析出现这种情况的原因。不分析原因，就找不到对策，没有好的对策，问题依然解决不了，只能是恶性循环，所以，我们有必要来分析一下引起客户投诉抱怨的原因。

9.2.1 期望值过高

所谓"希望越大，失望越大"，如果客户一开始就对银行产品抱有太高的期望，那么，当结果不尽如人意的时候，客户心里自然不平衡，所以有投诉的行为也是意料之中的。

我们来看一则案例。

客户："王经理，去年我买的产品收益并没有你说的那么好，你怎么解释？"

客户经理："您的这个收益已经算可以的了，不可能每个人都拿到最高收益。"

客户："你当初可不是这么说的，算了，我们先不谈收益的问题，中间我有疑惑想问你问题，为什么打电话你都不接，你们的售后服务就是这样做的？"

客户经理："客户那么多我也顾不过来啊。"

客户："既然你这样说，除了投诉我也没其他的办法了。"

客户的高期望并不是没有依据的，除了其自身的主观判断，有时候银行的工作人员也要承担很大的责任，具体表现在以下（见图9-3）几个方面。

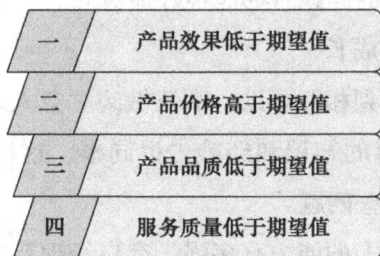

一	产品效果低于期望值
二	产品价格高于期望值
三	产品品质低于期望值
四	服务质量低于期望值

图9-3　承担责任的表现方面

1. 产品效果低于期望值

有的客户经理为了增加产品的销量，常常在宣传时夸大产品的效益，从而使得产品或服务听起来更加诱人，这就超过了客户的期望，当最终的结果与当初的宣传并不符合时，客户就会抱怨，甚至投诉。

2. 产品价格高于期望值

每个客户在购买一款产品时，对价格的预期都会有一个区间范围，客户经理如果能说服客户以他能接受的最高价格购买，那这就属于成功的销售。若是价格超过了客户能接受的最高界限，那客户的抱怨、不满就会产生。

3. 产品品质低于期望值

客户购买一件产品时，是为了满足自己的需求，同样，购买银行产品时，是为了获得理想的收益，若产品的品质并没有达到客户的期望值，那么买卖双方的矛盾自然就产生了。

4. 服务质量低于期望值

客户消费的过程也是一个享受服务的过程，如果客户在这个过程中并没有感受到良好的服务，那么，即使产品再好，客户的心里也不会舒畅，自然而然就有了怨气，有时候就会去投诉。

总之，在发生客户投诉的事件后，我们首先要清楚客户投诉的原因，然后及时地"对症下药"，在最短的时间内解决客户的问题，尽快地消除不良影响。

9.2.2 服务态度与技巧不好

银行是服务性行业，只有在服务的过程中给客户良好的体验，才能与客户建立起友好信任的关系。每个人都是有自尊心的，对客户来说，会尤其想要得到银行工作人员的尊重，所以，一旦银行客户经理的服务态度与技巧不好，就很有可能招到客户的投诉。

一般来说，以服务不周为由而进行投诉的客户，通常习惯于坚持自己的观点而很难接受别人的意见，他们认为自己的投诉很有道理，通过投诉可以让自己所遇到的问题得到关注和重视，并得到认同和尊重。

下面我们来看一个案例。

客户王先生来电投诉某客户经理服务不周，让其等了一个小时才见面，而且在等待的过程中连一杯水都不给倒……经银行调查确认，当时该经理正在处理其他的事情，已经通知客户让其等待一会儿，且客户投诉后已联系致歉，但客户仍不满意。

后来，投诉处理经办与客户进行了一次长谈，对客户的监督和提出的意见表示了诚挚的谢意。在客户认可经办的服务后，经办又适时地向客户反映目前银行业务的烦琐性和客户经理工作的不易，并再次感谢客户的理解和关注，客户最终表示谅解，投诉问题才被完全解决。

在面对这种情况时，我们为大家提供以下几点建议。

（1）理解和认同客户的情绪，但要注意不要随便轻易地认同客户不合理的要求，否则只会使其得寸进尺。

（2）做到及时回应、即刻处理，不断地提高自身的服务水平和服务技巧，更好地满足客户的需求。

（3）如果客户有不当之处，也不能得理不饶人，要给客户台阶下，这也可以满足客户的自尊心，也能使问题被处理得更顺利。

💡 **小·提示**：银行客户经理要能做到"笑迎四面八方客"，热情、耐心地对待每一位客户，使其感受到来自我们周到的服务，如此，客户才能少一些抱怨投诉，多一些理解与认同，客户经理的工作也会更好做一些。

9.2.3 银行管理制度效率低

我们经常在银行看到这样的一种现象：每个窗口后面都排着长长的队，窗口里的工作人员忙都忙不过来，窗口外的客户面带不耐烦的表情，于是矛盾就产生了，总会有客户对银行的"低效"进行投诉。

有一天，张先生来到某银行的大厅办理业务，发现一共五个窗口就开了两个，而这两个窗口排队的人已经快要到门口了。张先生见两个窗口的柜员忙碌不停，而其他员工却正好相反：有的不紧不慢地从验钞机上过钱，有的一边闲聊，一边翻动着手里的账单。

于是，张先生和站在长龙尾部的客户打算一起向营业厅负责人说明这种情况。这时，从办公室走出一位戴着主任工牌的先生。这位主任没等客户讲完，就显出一脸无奈并抱怨："上级银行给的前台编制不足，人手不够，我们支行也没办法。"没等主任说完，后面几位客户就已经一声不吭地向门口走去了。

其实，在银行的窗口排队办理业务是很正常的一件事，本无可厚非，但是既然客户提出了意见和建议，银行工作人员就应该虚心接受并尽力地做好。如果银行只是采取"踢皮球"的方法，相互推卸责任，而不解决实际的问题，只会令客户失望，从而造成客户的流失。

那么，银行该如何正确处理客户对银行管理制度效率低的抱怨呢？

（1）建立高素质的全能型人才。银行的业务员要对银行的一般业务有所掌握，在必要时能为同事们帮忙，而且在增强业务水平的同时也要不断地增强自己的软实力，例如，更加亲和、耐心，为客户提供更加周到的服务。

（2）加快金融知识的普及。有时候，并不是办理业务的过程有多麻烦，而是客户和业务员的沟通就占去了很长的时间，所以，银行通过对大众普及金融知识可以缩短办理业务的时间，从而提高效率。

（3）当客户投诉的时候，要虚心接受他们的意见，如果对客户所说的话表现出冷漠的态度，就有可能会直接导致客户的流失。与此同时，要向客户解释清楚银行工作人员的不易，毕竟是关乎钱的事情，不能有丝毫粗心大意，否则就更没办法向客户交代了，通过这种方式，去获得客户的理解与体谅。

> **小·提示**：无论什么样的矛盾，都是在寻求一种平衡罢了，一方面，银行要不断地完善管理制度，提高办事的效率，另一方面，也要告诉客户工作人员的不易，从而获得客户的理解与支持，有效地化解矛盾。

9.2.4　客户自身性格原因

客户抱怨有时候不仅仅是由卖方造成的，其自身的性格因素也可能会导致投诉。客户经理应该对这类型的客户表示宽容、耐心，认真地向客户解释，去化解他们心中的怨气，这样不仅能够避免一场争执，而且还能培养客户的忠诚度。

例如，在日常生活中易怒的客户，常常会把其他事情带给他的坏情绪通过投诉发泄出来，这类型的投诉完全是客户单纯地释放和缓解其郁闷或不快的心情，下面我们先来看个案例。

有一次，客户赵先生拨打某银行人工服务想要查一笔退款，但重复拨打了几次后才有人接听。然后，赵先生给之前与他合作过的客户经理打电话，不断地抱怨银行的人工服务系统做得太不人性化，连人工节点的播报都没有，导致他耽误了其他的事。

客户经理一直耐心地听着客户的抱怨，等客户的情绪安稳以后，马上为他查核退款到账的情况，让客户放心。办理好业务后，客户经理再次对给客户带来不愉快的体验表示歉意，也对客户当时的心情表示理解。

之后，客户经理向客户解释了语音系统的结构和设置的目的，强调虽然系统的改造是一项复杂的工程，但银行仍愿意为此付出成本和精力，就是希望让客户快速、便捷地办理更多的业务，从而得到了客户的肯定。

对情绪比较冲动的客户的投诉具体该怎么处理呢？第一，遵循"沉默是金"的原则，客户经理耐心倾听是帮助客户发泄的最好方式，切忌打断客户；其次，在帮助客户宣泄情绪的同时，还要尽可能营造愉悦的氛围，引导客户的情绪，但需要注意客户的个性特征并把握好尺度；最后，向客户解释一定会重视他们的意见，不断地改进，努力让其满意。

> **小·提示**：我们要明确一点，尽管有些投诉完全是由客户的性格造成的，但在处理的过程中也不能与客户当面争论，始终要坚持一条原则："客户永远是对的"，然后不断地说服客服，消除他们的怨气。这样的话，客户就能感到被尊重和被重视，从而能够为双方以后的合作打下基础。

9.3 给出解决方案

当我们知道了引起客户投诉的原因后，就要着手解决这些问题，即制定解决问题的方案。虽然找出事情发生的原因是解决问题的关键，但是如果没有一个完美的可执行的方案，问题依然是存在的，在这一节我们介绍两种方案，来应对客户的投诉。

9.3.1 通过合理解释降低客户的期望值

在上一节，我们知道了客户对产品的期望值过高是引起客户投诉与抱怨的一个重要因素，因此，可以从降低客户的期望值入手，以减少客户的抱怨，首先我们应该了解影响客户的期望值有哪些？其内容如图9-4所示。

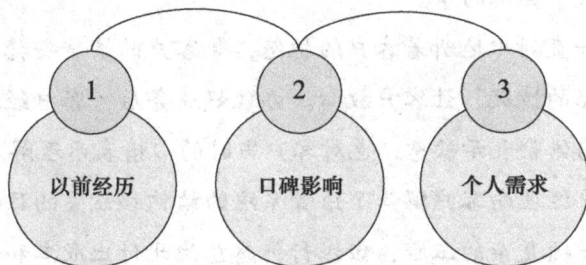

图9-4 影响客户期望值的方面

1. 以前经历

以前经历包括客户之前购买过的产品、体验过的服务等。如果客户之前的产品体验良好，那么再次购买时它的期望值自然要高。

2. 口碑影响

口碑影响是通过各种形式的广告、他人的意见以及企业的社会影响力等产生的。客户从外部接受的正面评价越多，客户的期望值越高。

3. 个人需求

客户希望自身的哪些需求得到解决，以及得到多大程度上的解决。

那么怎样做才能降低客户的期望值呢？

通常来说，在了解客户的基础上，客户经理可以为其设置一个期望值，并诚实地告诉客户哪些效果一定能实现，哪些可能会实现，以及哪些根本实现不了，一定不能为了当时的利益而进行夸大虚假的宣传。

9.3.2 尽快帮助用户解决问题

遇到客户投诉时，银行客户经理应第一时间了解情况，尽量以最短的时间帮助客户解决问题，这是很好理解的。可想而知，如果银行客户经理一直拖着不为客户解决问题，很可能会进一步刺激到客户，让客户更加愤怒。之后，银行客户经理会付出双倍或者更多的精力和口水才能化解客户心里的怒火，所以，第一时间帮助客户解决问题是处理客户投诉的最佳捷径。那么如何尽快帮助客户解决问题呢？

1. 真心实意想帮客户解决问题

银行客户经理遇到客户投诉后，要先找自身原因，找出自身工作中存在的不足和漏洞，是哪里没有做好使客户不满意，还是什么样的工作态度让客户感到受了冷落。然后再努力寻找客户的需求，真诚地和客户沟通，使其感受到自己的诚意，让双方建立信任，问题才能更快得到解决。

2. 微笑面对，不能带有个人情绪

客户投诉都带有不满情绪，面对情绪激动的客户，银行客户经理稍不小心，便能使客户的不满全面爆发。所以，银行客户经理面对投诉的客户时，一定要先将客户的情绪稳住，耐心地倾听客户的投诉和抱怨，充分道歉并认

同他们的感受，主动提出解决方案并提供帮助，从而逐渐化解客户的愤怒心情，让大事化小，小事化了。

3. 尽最大努力处理客户投诉，提高客户的满意度和忠诚度

一旦银行客户经理妥善地处理了客户的投诉，便能够大幅地提高客户的忠诚度和信任度。银行客户经理还要在投诉事件妥善处理后向客户表示诚恳的谢意，感谢客户愿意再次相信自己，给予自己改正的机会，希望客户以后再来办理其他业务，以便为客户提供新的、更好的服务。

4. 投诉事件妥善处理后，要认真总结，杜绝再发生

类似的投诉事件不能一而再、再而三的发生。在经历了投诉事件之后，银行客户经理要从中汲取教训，总结经验，分析客户投诉的起因以及引起客户投诉的原因，明确日后工作中应该注意什么，以及如何避免投诉等。

另外，如果是客户在无理取闹，银行客户经理在好言相劝无果时，也不要与客户进行争执，否则你有理也会变成无理。

第10章
自我与团队管理

　　"管理"即为了更好地实现目标而采用的一种手段，从管理的主体划分，可以分为自我管理和团队管理，自我管理包括目标管理、时间管理、客户管理以及自我提升等，团队管理包括规章制度、团队配合、高效执行等，二者相辅相成，在促进企业发展的同时，也有利于实现员工自己的价值。

10.1　如何进行自我管理

　　自我管理与自我教育的本质是一样的，它并非依靠家庭、学校、社会的外在力量来管理，而是依靠自我的内在力量进行管理。作为一名优秀的客户经理，除了遵守行业的规章制度外，还要进行有效的自我管理，这样才能不断地提高自身的业务水平。

10.1.1　SWOT 自我分析

　　SWOT 中的 S（Strengths）是优势，W（Weaknesses）是弱势，O（Opportunities）是机会，T（Threats）为威胁，所以，SWOT 自我分析法是用来确定自身的竞争优势、竞争劣势、机会和威胁，从而使自己在具体的工作中扬长避短，更高效地实现目标的一种方法，如图 10-1 所示。

　　下面我们来看一下上海某银行的客户经理刘明的 SWOT 自我分析。

　　S（Strengths）。

　　（1）爱岗敬业，服务社会。

　　把"客户是上帝"落实到行动中，把客户的事情当成自己的事情来办，急客户之所急，想客户之所想，在工作方法上，始终做到"三勤"，勤动腿、勤动手、勤动脑。

优势 Strengths	弱势 Weaknesses
机会 Opportunities	威胁 Threats

图 10-1　SWOT 自我分析法

（2）学习能力强，不断地提高自身的素质。

不但认真学习金融法律法规，还积极参加行里组织的各种学习活动，不断提高自己的理论素质和业务技能，在增强硬实力的同时还注重提升软实力，如看经典的书籍或电影。

（3）主动热情，积极上进。

每一天面带微笑地和客户交谈，主动帮客户答疑解惑，即使遇到难缠的客户，也会耐心地听其抱怨，并为其解决问题。

W（Weaknesses）。

（1）不能适应多变的市场环境，对市场信息的把握也不准确，不能够很好地跟上时代的步伐。

（2）做事不踏实，不能做到精益求精。

（3）与某些客户的沟通不到位。

O（Opportunities）。

当今社会，知识呈爆炸性地上升，而且客户对服务的质量要求也越来越高，我的适应力和学习能力都比较强，这对我的职业发展来讲是个机会。

T（Threats）。

在经济日益全球化的今天，各行各业的压力都会增大，银行更是如此。除了同行之间的竞争，银行的发展还会受到房地产行情、互联网金融服务、国家宏观调控政策等的影响。

一般情况下，制订一份SWOT自我分析要遵循以下（见图10-2）4个步骤。

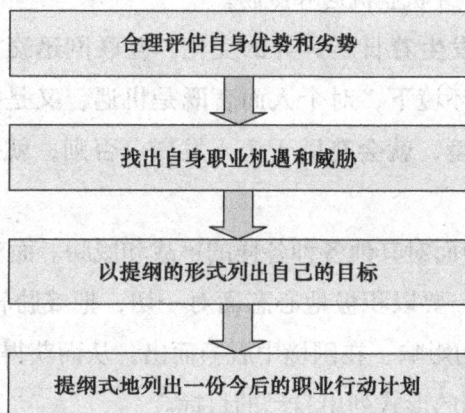

```
┌─────────────────────────────┐
│      合理评估自身优势和劣势      │
└─────────────────────────────┘
              ↓
┌─────────────────────────────┐
│      找出自身职业机遇和威胁      │
└─────────────────────────────┘
              ↓
┌─────────────────────────────┐
│     以提纲的形式列出自己的目标     │
└─────────────────────────────┘
              ↓
┌─────────────────────────────┐
│   提纲式地列出一份今后的职业行动计划   │
└─────────────────────────────┘
```

图10-2　制订一份SWOT自我分析要遵循的步骤

步骤一：合理评估自身优势和劣势。

明确自己的优势所在，在工作中突出其作用，就能起到事半功倍的效果。所以我们首先得知道自身的优势是什么，并将自己的事业放在这个优势上来发展。具体来说，就是要了解以下几点。

（1）在过去的读书生涯中，你学到了哪些知识和技能，对哪个领域比较感兴趣，觉得自己擅长什么。

（2）做过的最成功的事是什么，在学习或做事的过程中表现出的优秀品质有哪些，如乐观豁达、坚韧不拔。

"闻道有先后，术业有专攻"，每个人都有自己擅长和陌生的领域，只有明确自己的不足，学会"扬长避短"，才能更好地享受工作和生活，那么，劣势都包括什么呢？

（1）性格上的弱点，这类型的弱点不太容易改掉，一般是与生俱来的或是因长期生活在某种特定的环境下形成的。

（2）缺少相关的知识和经验，这类型的不足，下一番功夫还是可以补上去的。

（3）资源的不足，如人脉、资金、技术等的缺乏。

所谓"当局者迷，旁观者清"，在进行自我评价的时候可以多问问亲人、老师、朋友，力求做到全面、客观。

步骤二：找出自身职业机遇和威胁。

近年来，社会发生着日新月异的变化，互联网迅猛发展，市场的竞争加剧，在这样的大环境下，对个人而言既是机遇，又是挑战。如果个人能很好地利用外部环境，就会有助于个人发展。否则，就会处处碰壁，寸步难行。

同时，我们也会面对其他各种各样的挑战和威胁。面对威胁时不要逃避，也不要消极地面对，要以积极地心态面对一切，把威胁转换成机会，这样，我们才能避免不利的影响，在困境中脱颖而出，从而获得发展和成功。

步骤三：以提纲的形式列出自己的目标。

根据对自己优势和劣势的分析，对未来的发展做一个大体的规划，如想从事什么职业、坐到什么位置、拿多少薪水等。当然这一切的规划都是建立在社会的职业需求之上的。

步骤四：提纲式地列出一份今后的职业行动计划。

这一步主要是对第三步的具体化，在总目标的指导下，具体地制订一些小目标，如需要学习什么课程、参加什么活动以及学习的时间、地点等。详细的计划表更有助于我们达成目标。

> **小·提示**：虽然做 SMOT 自我分析会花费我们一些时间和精力，但是一个切实可行的计划却能在我们做事的过程中起到事半功倍的效果。因此，客户经理要想有更好的发展，请一定花一些时间确定自己的优势和弱势，然后列出一份策略性的行动计划，务必保证有效地完成它，如此客户经理的前景将灿烂而辉煌！

10.1.2 通过 SMART 原则设置精确目标

我们在日常生活中制订过很多的目标，这看似是一件很容易的事情，但是如果上升到理论的程度，就得借助 SMART 原则来解释。SMART 原则指的是所制订的目标必须具有明确性（Specific）、可衡量性（Measurable）、可实现性（Attainable）、相关性（Relevant）、时限性（Time-based），如图10-3 所示。

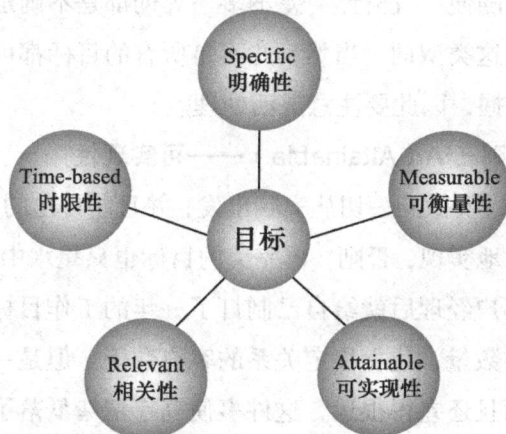

图 10-3　SMART 原则

下面我们以客户经理高宇为例来具体解释一下。

1. SMART 原则一 S（Specific）——明确性

"明确性"即可以准确地描述出目标所要达到的程度。明确的目标是个人或企业成功的第一步，所以作为客户经理，要坚决杜绝模棱两可的目标。

高宇在刚当上客户经理时，给自己制订的目标是"不断增强客户意识"，但是效果并不好，依然有一些客户投诉他的服务。后来他把自己的目标换成了"把客户的投诉率从 3% 减少到 1%"，结果客户的投诉少了很多。

"不断增强"并没有明确的要求，也没有判断的标准，所以比较难操作，而"从 3% 减少到 1%"则把目标进行了具体化，使人有了努力的方向，因此效果更好一些。

2. SMART 原则二 M（Measurable）——可衡量性

"可衡量性"是建立在"明确性"的基础上的，它是把目标以更加具体的数据表现出来，更直观地评判目标是否达到。

高宇前不久听了一个客户经理的培训课程，并在课程结束后参加了考试，他问老师怎样算合格的成绩？老师说："差不多就行，一般都能合格。"抱着这样的态度高宇上了考场，结果成绩并不理想。后来他的同事对他说：

"80 分就是非常理想的分数了，补考加油。"于是他以 80 分为目标去复习，果然在补考中取得了好成绩。

我们常说的"随便""都行""差不多"等词都是不确定的，所以在制订目标时要尽量少用这类型词。当然，并不是所有的目标都可以衡量，有些大的工程就比较难把握，因此要注意灵活处理。

3. SMART 原则三 A（Attainable）——可实现性

在制订目标时，要做到一切从实际出发，并且制订出的目标要有可行性，并且能够最大程度地实现，否则，再完美的目标也只是水中月、镜中花罢了。

高宇刚成为客户经理后就给自己制订了一年的工作目标，包括存贷款的数额，理财产品的数量，建立稳定关系的客户数等。但是一年之后他并没有实现这些目标，而且还差得很远，这件事使高宇情绪低落了一个多月，严重地打击了他的自信心。后来在一位经验丰富的客户经理的开导下，高宇重新确定了自己的目标，自信心也慢慢地恢复了。

目标制订得低，实现起来就比较方便，不利于个人能力的提升，而目标制订得太高，则又不容易实现，会使我们的自信心受挫。在教育心理学中有这样一个理论："最近发展区"，通俗点解释就是学那种跳起来能够得着的知识，同理，客户经理在制订目标时也要运用这种方法，这样才能最大限度地发挥个人的潜力，实现更好地发展。

4. SMART 原则四 R（Relevant）——相关性

"相关性"是指各个目标之间相互关联、相互影响的关系。客户经理在制订目标的时候，要有大局意识，既要突出部分，又要兼顾整体，否则，即使单一的目标完成得多么出色，就整体而言还是起不到什么作用的。

5. SMART 原则五 T（Time-based）——时限性

"时限性"就是指目标的确定要有一个明确的时间限制，有时间限制有利于在规定的时间内分配任务，更加地具有计划性，如果不规定时间就会造成效率低下。

在具体依照时限性制订目标时，要根据工作任务的重要性和性质等拟定时间计划，并且在任务进行的过程中进行不断调整，以提高工作效率。

小·提示：SMART 原则包含的这 5 个环节环环相扣，缺一不可，依据这 5 个环节制订一份精确的目标计划，可以为我们具体的工作指明方向，使我们能更好地把握工作的进度，从而出色地完成任务。

10.1.3 做一个工作计划表

人们常说："工作有计划，行动有方案，做事有标准，事后有总结"。可见，完成一项任务的第一步就是要制订一份详细的工作计划，因此，对于客户经理来说，学会做一份合适的工作计划表是一项必备的技能。

孙超是上海某银行的客户经理，下面就是他为自己做的工作计划表。

1. 对客户经理这份工作的认识

（1）对金融市场进行准确的分析，根据市场现状和个人能力列出切实可行的销售目标。

（2）做好产品销售的计划。通常要列出月计划和周计划，必要时要具体到每天的计划。

（3）对目标市场进行准确的定位，区分大客户和普通客户，以最短的时间获得最大的收益，不断提高工作效率。

（4）把"客户是上帝"的理念落实到具体的工作中，能真正地站在客户的角度上考虑问题，与他们建立起相互信任的关系。

（5）不弄虚作假，不对客户有所欺瞒。

（6）和同事保持良好的关系，不断增强团队意识，相互协作，共同进步。

2. 工作具体量化任务

（1）每天至少打 30 个电话，拜访 3 位重要的客户。上午的主要工作是打电话和预约客户，下午去拜访重要客户。由于上海市交通比较拥堵，所以乘坐地铁为最佳的出行方式，而且所要拜访的客户距离要相近。

（2）见客户之前要做好充分的准备，了解目标客户的基本信息，如消费水平、兴趣爱好、职业特征等，努力挖掘其潜在需求。

（3）"好记性不如烂笔头"，每次的记录工作都要认真做好，在需要的时候有资料可以查阅。

（4）对目标客户进行多次回访，并记录每一次谈话的进展。

（5）以最快的速度促成与客户的合作，不断提高自己的服务水平，给客户以良好的体验。

（6）合作达成后对客户表示感谢，送点小礼物，不必昂贵，心意到了就好。

3. 工作生活两不误

（1）参加同行沙龙会，加强与同行之间的沟通和联系，"择其善者而从之，其不善者而改之"，不断地提高自我的整体素质。

虽然同行之间是竞争对手，但只要彼此之间是真心交流，就会乐于分享自己在这个行业的心得，从而获得"双赢"的效果。

（2）注重经营客户。在与客户完成交易后并不能不再理睬客户，而是要与客户建立良好的关系。尤其对重要的客户要定期回访，也可以在逢年过节时给对方送去祝福或者小礼物。

（3）注重自我的多方面成长。可以利用下班的时间好好学习英语以及人际交往类的知识，上网查询本行业的最新资讯和产品，关注本行业的发展趋势，不断提高自己的能力。

看完了客户经理孙超的工作计划表后，我们对其有了大致的了解，那么，在具体的工作中应该怎样做好一份工作计划表呢？

一般客户经理的工作计划包括以下几个方面，如图 10-4 所示。

1	对市场进行分析
2	选择最佳营销方式
3	有效管理客户
4	设计合理任务量
5	确定一个具体期限
6	最后做出有效的总结

图 10-4 工作计划内容

1. 对市场进行分析

市场分析即指对本行业的产品、消费群体、竞争对手、发展趋势等有较为深入的了解。

2. 选择最佳的营销方式

由于每个人的性格特征和交往方式不一样，所以营销的方式也不一样，选择一种自己最擅长的，往往能把谈话引向对自己有利的方向。

3. 有效管理客户

客户是要争取的，但是如果不用心经营自己的客户关系，努力争取来的客户最终会流失，定期回访、平时送去问候这些事都需要做好。

4. 设计合理的任务量

任务量是我们努力的目标，要参照市场和自身双方面的因素设计客观、科学的任务量。如果能按时完成，就要总结经验，再接再厉，不能完成任务时，就要总结失败的教训，努力获得下一次的成功。

5. 确定一个具体期限

客户经理确定工作计划的期限，可以是周计划、月计划、年计划，甚至是三年、五年的计划。但是，不管是什么样的计划，一定要有切实可行的行动指南。

6. 最后做出有效的总结

最后总结就是对上一个时间段销售计划进行评判。

以上6个方面是计划必须具备的。当然，俗话说："计划赶不上变化"，因此计划不是一成不变的，要根据市场的情况进行调整，这样才能更好地完成工作的任务。

> 💡 **小提示**："一个有计划的人，一定是行动敏捷的人；一个有计划的团队，一定是高效率的团队；一个有计划的企业，一定是有前途的企业。"所以，客户经理一定要重视工作计划表的问题，并把它做到最好。

10.1.4 提高时间利用效率

世界是公平的，给每个人每天都是二十四小时，怎样在有限的时间内尽可能地多做一些工作，是每个客户经理都会考虑的事情，只有提高了时间的利用率，才能完成更多的任务，从而增强自身的竞争力。

那么在具体的工作中客户经理应该怎么做呢？

1. 德鲁克时间管理法

我们之前提过彼得·德鲁克，他是现代管理学之父，他所提出的"时间管理法"被许多优秀的管理者和销售人员采用，并且在实际的工作中帮助他们取得了很好的效果，下面我们来具体介绍一下这种方法。

（1）记录时间。

把实际使用的时间记录下来，有时候我们在完成一项任务的时候，看似花费了很长的时间，但实际的有效工作时间并不长。记录有效时间的利用效果，可以来不断完善自己的时间计划，更加高效地完成任务。

当下，许多优秀的客户经理都会做这样的记录，并且每隔一段时间都会去翻查。一般情况下先是隔几天去检查，然后是几个星期、几个月、半年等都会去做新的总结，并不断地改进。这种不断的练习能最大效率地利用时间，出色地完成任务。

（2）杜绝一切浪费时间的因素。

我们完成一项工作，有些是有用功，有些是无用功，我们的时间之所以被浪费掉，就是因为做了太多的无用功。所以想要提高时间的利用率，就要尽可能地做到杜绝一切浪费时间的因素。如拜访客户要选好时间点，避免交通拥堵；在面见客户时要准备齐全，避免在交谈的时候冷场；把居住地相近的客户约在同一天见面，减少来回奔波等。

（3）统一安排可以自由支配的时间。

客户经理必须用好自己可以支配的时间，一般包括整块的时间和零碎的时间。整块时间用来集中精力干大事，而零碎的时间利用好了也是笔不小的财富。所以根据个人可以支配的时间和所面对的任务，做一个科学合理的计划表可以帮我们节约很多时间。

（4）先解决"主要矛盾"。

每个客户经理每天都要面对不同的客户，处理不同的事情，有时候明明认真地做了工作，自己也很累，可是效果却不太好，这就是没有正确处理矛盾的结果。我们知道，一个人的精力毕竟是有限的，如果"眉毛胡子一把抓"，事情的结果自然不会太好。

如果一个卓越的客户经理还有什么"秘密"的话，那就是善于集中精力，总是把重要的事情放在前面先做，一次做好一件事情。做事集中精力，这不但是出于管理者工作性质的需要，也是由人的特点所决定的。其理由是：要做的重要贡献非常多，而可做贡献的时间却十分有限。

所以，作为一名客户经理，越是善于集中时间、精力和各种其他资源，就越能完成好各种各样的任务。

2. 科维四象限时间管理

美国的管理学家史蒂芬·科维提出了时间"四象限"理论，这个理论依据重要程度和紧迫程度两个指标把工作划分为 4 个部分：既紧急又重要、重要但不紧急、紧急但不重要、既不紧急也不重要。其具体内容如图 10-5 所示。

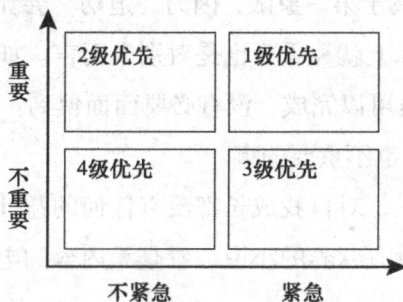

图 10-5　四象限理论图

第一象限：重要又紧急的事。

这类事情是必须要立刻去做的，例如，按约定的时间会见大客户、解决重要客户的投诉、准时向上级汇报工作等。

这就是我们所说的"主要矛盾"，这是最考验我们各项能力的任务，如果荒废了，我们再继续工作下去的意义就不大了。人都是有惰性的，很多事情都是一拖再拖，直到迫在眉睫才着手去做，结果自然不理想。所以我们要立刻行动起来，去解决价值最大的问题。但需要注意的是：有时候你感觉自己很忙，其实并不是你多么努力，而是你并没有合理地规划时间。

第二象限：重要但不紧急的事。

对于这类事要有计划、有重点地去做，如参加业务培训、向上级提出建议、对重要目标客户的培养等。

如果把这个领域的任务都荒废掉了，就会给我们的工作带来更大的压力，因为一段时间后，这些任务必将进入第一象限，那时候，我们将更疲于应付。反之，如果我们多投入一些时间在这个领域，不但能够提高实践能力，而且在事情突然来临的那一天不至于措手不及。

这个象限的任务是区分一个客户经理是否卓越的标志，建议客户经理把80%的精力投入到该象限的工作中，从而使第一象限的"急"事无限变少，不再"瞎忙"，这样工作起来就会轻松很多。

第三象限：紧急但不重要的事。

这类事情表面上看起来很紧急，但实际上对大局是无关紧要的，所以尽量少做，节省精力。例如，普通客户的电话、例会等都属于这一类。

这些事表面看似属于第一象限，因为"迫切"会让我们产生"这件事很重要"的错觉——实际上就算重要也是对别人而言。如有些事客服人员可以完成，有些事柜台专员可以完成，没有必要面面俱到。

第四象限：不紧急也不重要的事。

这类型事情对工作、对自我成长都没有任何的益处，所以尽量不做。例如，阅读令人上瘾的没有营养的小说、看毫无内容的电视节目、聊一些低俗的话题等。

简而言之，这个象限的事情是没有任何意义的，但是人们经常奔走在前三个象限，有时需要到第四个象限缓一口气，休整一会儿再继续出发，所以如果这个象限的事情能让我们感到放松，偶尔停留一下也是可以的。

💡 **小·提示：** 重要之事千万不可受"芝麻绿豆"小事的牵绊。所以客户经理在具体的工作过程中要分清楚主次之事，认真学习上面的两种方法，合理分配自己的时间和精力，这样才能不断地提高时间利用效率。

10.1.5　一周一小结，每月一大结

进行完上几步就离有效的自我管理仅一步距离了：工作总结。工作总结是对一定时期内的工作加以总结、分析和研究、肯定成绩、找出问题、得出经验教训、探索事物的发展规律、并将其用于指导以后的工作。

从它的定义就可以看出来，工作总结对一项工作有着重要的意义，所以客户经理要学会做工作总结，做到每周一小结，每月一大结。

接下来，我们来看一下北京某客户经理曹斌的月总结。

转眼间又是一个月，这一个月内我成功地售卖了多款理财产品，并且与几个大客户也建立了相互信任的关系，当然在取得成绩的同时也存在着许多不足的地方，为了能更好地吸取经验和教训，现将我这一个月的工作心得和情况总结如下。

1. 销售心得

（1）认真听取客户的意见，即使不赞成，也不能当面反对，对客户多一分赞美，多一分宽容。

（2）多向有经验的客户经理请教销售的技巧，经常与同事交流心得。

（3）实事求是，以诚待人。要站在客户的角度考虑问题，而不去欺骗客户。

（4）保持自信，与客户交流声音没必要多洪亮，但是一定要稳，不要紧张。

（5）与客户建立良好的关系，取得客户信任，要从朋友做起，情感沟通。关心客户，学会感情投资。

（6）相互信任，销售产品先要销售自己，认同产品，先人品后产品。

（7）要注重自身的形象，衣着要得体大方，头发要干净清爽，鞋子要干净。

（8）掌握谈判策略，掌控谈判趋势。

2. 工作总结

（1）认真学习，努力提高。

学无止境，没有一蹴而就的技能，没有一劳永逸的知识，世界无时无刻

不在发生着变化，知识更新换代的速度更是前所未有，如果客户经理不能在工作的过程中学习新的知识，只是固守以前的知识和观念，势必被社会所淘汰，所以只有不断地学习，努力提高自己的能力，才能在激烈的社会竞争中立于不败之地。

（2）脚踏实地，努力工作。

客户经理是一个要求高、责任大的工作。作为这其中的一员，不论在工作安排还是在处理问题时，都得慎重考虑，做到独当一面。因此，我要努力学习专业知识，不断提升自己的服务意识，给客户以最良好的体验。以"不拖延、不误事、不敷衍"这"三不"原则作为我工作的指南。

（3）存在问题

在工作中，我也存在着许多的问题。首先，由于现在银行竞争比较激烈，各种类型的产品较多，我并不能很好地把它们归类，因此不能准确地对同类产品进行对比；其次，现在每天的金融信息都特别多，我并不能很好地甄别和利用；最后，在与客户沟通的过程中，我还是不能很好地把握客户的心理。

总之，在工作中，我通过努力学习和不断摸索，收获非常大，我坚信工作只要用心努力去做，就一定能够做好，下个月的成绩一定会提高。

在写工作总结的时候，有哪些基本的要求和注意的事项呢？

1. 基本要求

（1）对一个阶段的工作情况进行总结时内容要详略得当。这一部分主要是对工作的主客观环境进行分析。

（2）成绩和缺点。这是工作的中心环节，要客观评价自己在一段时间内的优缺点，做得好的，再接再厉；做得不好的，努力地去改正。

（3）经验和教训。如果把工作完成之后并没有对其进行分析，不能从中获得经验和教训，那么对我们自身而言，是没有任何意义的，只有从工作中不断地总结经验和教训，才能不断地提高我们的能力。

（4）做好以后工作的打算。"凡事预则立，不预则废"，我们要根据在工作中总结的经验和教训，明确努力方向，提出改进措施，为以后更好地开展工作打下基础。

2. 注意事项

（1）坚持实事求是的原则，对自己的优点和缺点都要进行客观的评价，优点不夸大，缺点不缩小，尤其要敢于正视自身的缺点，不能弄虚作假，否则最终吃亏的还是自己。

（2）结构明确，条理清楚。如果工作总结结构和层次混乱，读起来就会很不舒服，并不能真正达到改进工作的目的。

（3）简单扼要，直击要害。个人工作总结不宜冗长，把问题说清楚就好。

> **小·提示**：做好工作总结不但使我们的目标更明确，工作更有意义，还能提高我们的工作效率，最重要的是发现自己的优点和不足，能够更好地认识自己，不断地提升自我。所以客户经理一定要做好工作总结。

10.2　管控团队的"四把钢钩"

除了自我管理外，团队管理也是客户经理的必修课，一个人的力量毕竟是有限的，只有充分发挥团队的力量，才能取得更好的业绩。但是说起来容易做起来难，因此，这一节我们先来介绍一下管控团队的"四把钢钩"。

10.2.1　管理表单

针对客户经理的日常销售，管理表单是必不可少的。但是，在具体运用表单进行管理的过程中，会遇到各种各样的问题，因此，为了尽量减少问题的发生，提高工作的效率和质量，客户经理必须要学会管理表单。

管理表单的过程中，通常会遇到3个问题，下面我们以事例来说明。

（1）对表单有抵触情绪，不去填写。

小李刚成为上海某银行的客户经理时，每次上级让他填写管理表单的时候他总是以各种借口去推脱，如"计划赶不上变化，完全没必要填这个表""自己心里知道就好了，写那个浪费时间""时间来不及了，下次写吧"等，而且他除了自己不写，还向同事传播消极的思想。

针对小李的这种情况，领导做了以下工作。

①在例会上表明要严格执行填写管理表单，表明银行的态度和立场。

②找小李进行单独谈话，向他言明了其中的利害。

③把管理表单与考核机制相结合，直接与工资绩效挂钩。

④对认真填写管理表单的员工进行奖励。

通过以上措施，小李认识到了自己的错误，而且在填写的过程中，他也逐渐感受到了管理表单给他带来的方便和好处。

（2）不认真填写，抱着应付的态度。

小张是天津某银行的客户经理，每次银行让其填写管理表单时他都抱着应付的态度去做，临到交表时，他就胡乱填一些东西，字迹潦草，内容模糊，而且每次填写的内容都差不多，根本没有自己的见解和独特的认识。

上级领导针对小张的这种情况，先是与他进行了单独面谈，告诉他任何工作都要认真完成，而且首先要做的就是端正态度，接着给他看了范例，告诉他填写表单的注意事项。

听完领导的话后，小张开始认真对待这件事，最终成了一名优秀的客户经理。

（3）停留在表单的表面，并没有深挖。

有些客户经理在填写管理表单时确实很认真，态度端正、字迹整洁、内容详细，但一切只是停留在表面，他们并没有去深挖其中的东西，并不能从以往的工作中得到经验和教训，所以往往做的是无用功。

这样的员工只需稍微点拨一下就好了，例如，通过向其展示模板范文，引导其学习。

那么，客户经理在面对团队成员填写的管理表单时科学的做法是怎样的呢？

①对团队里成员的管理表单进行科学的整理，尤其要看他们每周和每个月的记录，通常把大部分时间放在刚开始工作的客户经理身上，因为一般来讲，老员工做得会比较好一些。

②正常情况下，不管是新员工还是老员工，管理表单都会或多或少地存在一些问题，所以，领导层要做好相关的指导工作。

③表单的设计要简约、明朗，不能太过烦琐，切勿占据工作人员太多的时间，一般半小时为最佳。

小·提示：做好管理表单是银行规范化、流程化、标准化最基本的步骤，也是一名合格的客户经理必备的技能，同时又能够使客户经理对团队中成员的业务进度有详细的了解，便于统筹兼顾，发挥集体的力量。

10.2.2　团队例会

一个团队内，成员的分工不同，性格也有差异，在实际的工作中常常会忘记自己是团队中的一员而各自为战，导致整体的工作效果并不好。所以，开团队例会就显得至关重要了。但是，目前的团队例会越来越流于形式，并不能真正解决问题。

某县城的××银行，每天早晨的团队例会都要开一个小时左右，因为居住在县城的人们的生活节奏比较慢，起床的时间普遍比较晚，所以领导决定上班前一个小时用来开例会。每天客户经理都要汇报工作，然后再各自出去跑业务。

但是，当客户经理从公司出发再到达市场的时候，已经快到中午了，肚子就开始饿了，精力也提不起来，导致工作效率低下。

其实，这个银行的客户经理只有5名，完全没有必要每天花一个小时去开会讨论。因为时间久了，就会发现每天讨论的内容、遇到的问题80%都是一样的。所以，开例会时要突出重点，在最短的时间内把任务都布置下去，否则就会浪费工作人员的时间和精力，效率低下也就在所难免了。

效果良好的例会应包含以下几个因素。

（1）总结一段时间内取得的成果和出现的问题。对销售业绩良好的客户经理给予鼓励和奖励，并邀请他们说一些销售心得。对出现的问题进行分析，并制定出解决问题的措施，做到扬长避短。

（2）制订明确的目标。在例会上就要把工作的目标制订下去，目标一定要建立在客观事实的基础上，不能太过渺小，也不能脱离实际。只有目标明确了，员工才能充分发挥"主人翁"意识，并共同为之努力奋斗。

（3）同事之间要进行信息分享。每个客户经理跑的市场、见到的客户都不一样，如果彼此间能够分享有用的信息，那这就是个强大的团队了。

（4）鼓励大家畅所欲言。一个人的思想是有限的，只有集思广益，团队才有新的想法、新的活力。

> 💡 **小·提示：** 有效的例会能够为团队树立明确的目标，增强团队的凝聚力，提高工作的效率等，但是无效的例会却会极大地浪费员工的时间和精力，并导致工作效率低下。

10.2.3　单独谈话

上级和下级谈话是一种常见的现象，有时候下级工作做得好，那么谈话时就给予赞扬；工作做得不好，就适当批评，对于一直很努力但工作效果却不好的工作人员要给予鼓励和指导。总之，谈话是一门艺术，"感人心者，莫先乎情"，在与下级单独交流时，更是要把握好分寸。

某银行的客户经理高宏今日发现他的员工小陈总是心不在焉，脸色也不好看，一副郁郁寡欢的样子。最后他从同事的口中得知原来小陈的母亲病了，需要一大笔钱治疗，他决定帮助小陈走出困境，于是把小陈叫到自己的办公室面谈。

高经理："小陈，最近状态不太好，有什么心事吗？"

小陈："没什么，也许没休息好，谢谢高经理关心。"

高经理："这孩子，还把我当外人啊，母亲病了也不和我说。"

小陈："原来您都知道了，我也是怕给您添麻烦。"

高经理："我知道，你是我带出来的，重情重义、凡事都为别人着想，可是这么大的事情你也应该和我们商量一下嘛。我刚才已经和其他部门的工作人员说了你的情况，大家会为你组织一场捐款，不够的部分，银行会以最低的利息贷给你，钱的事你就放心吧，好好工作。"

小陈："我真是不知道该说什么了，谢谢高经理，谢谢大家，我一定会努力工作的，您放心吧。"

通过这个案例，我们知道与员工进行有效的交流会让员工保持好的工作状态，更好地完成工作，那么在与员工单独谈话的过程中具体应该怎么做呢？其内容如图10-6所示。

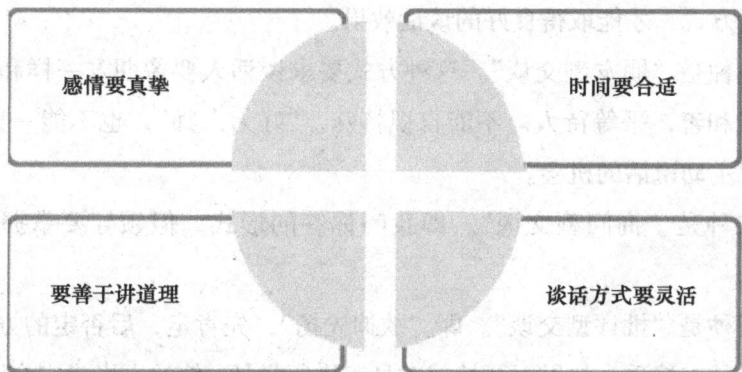

图 10-6 与员工单独谈话做法

1. 感情要真挚

人是一种情感动物，我们能够很真切地体会到对方的态度，真挚的感情是打开人心门的钥匙。因此，领导者要对自己的下属有真诚的感情。

具体来看，主要表现在关心对方的学习、工作、思想、生活等方面。同时，对他们的性格特点要有所了解。掌握了这些，才能促进彼此间建立感情和信任，也才能保证在与对方进行个别谈话时，对方愿意敞开心扉，说出自己的心里话，从而产生良好的谈话效果。

2. 时间要合适

在与员工进行谈话时，要选择一个合适的时间点。

构成谈话时机成熟的条件是多方面的，对不同的谈话对象，尤其在性格方面的不同，所选择的谈话时间也是不同的，如果对方情绪比较平稳，能听得进去意见，并且愿意接受，那么随时都可以。

但是，如果对方情绪比较激烈，而且平时脾气比较暴躁，就不要与之交谈，待其情绪平稳之后再慢慢说服，否则只会火上浇油。

3. 要善于讲道理

领导和员工谈话的过程就是改造员工思想的过程，要使他们转变不好的观念，但不能利用自己的权威来"逼迫"员工就范，而要晓之以理，动之以情，使他们心甘情愿地接受建议，真正做到以理服人。

4. 谈话方式要灵活

面对不同的员工，所采取的谈话方式自然不同，只有因人而异，采用不同的谈话方式，才能取得良好的谈话效果。

第一种是"朋友型交谈"。这种方式要求谈话人要像朋友一样和对方交谈，语气和善，平等待人。不能自视特殊、"好为人师"，也不能一直发问，不给对方主动说话的机会。

第二种是"询问型交谈"。即我问你答的形式，但领导要掌握问答的方式。

第三种是"批评型交谈"。即"欲抑先扬"，先肯定，后否定的方式，这样更利于员工接受。如果一开始就对员工进行批评，他的心里肯定会不舒服，谈话的效果也会大打折扣。

小提示：说话绝对是一门艺术，说好了，可以步步高升，说不好，一败千里。所以在职场中学会与人谈话是十分重要的事。客户经理进行团队建设时更要注意这个问题。

10.2.4 工作观察

在管控团队的过程中，最后一把钢钩就是"工作观察"，客户经理可以通过观察员工的工作情况来有针对性地对团队成员做出指导，从而做到扬长避短，发挥团队中每个成员最大的潜力，成功地管理团队。

王强是位经验丰富的客户经理，他不但业务做得好，而且乐于助人，经常帮助其他员工解决各种各样的问题，有时候连员工自己都找不到问题出在哪里，他便知道了。这都是他善于观察的结果。以下是他和员工小李的对话。

小李："王经理，您找我？"

王强："对，最近感觉工作做得怎么样？"

小李："不太好，昨天我去拜访一个大客户，结果不太理想。"

王强："那你找到原因了吗？"

小李："我想了好长时间都不知道问题出在哪，按理说材料完善，各项工作也都做得挺好，就是不知道为什么对方迟迟不答应和我们合作。"

王强："对了，小李，你眼镜多久没擦了？"

小李："您怎么问这个？这一段时间比较忙，眼镜也是随便擦一下，有时候就不擦了。"

王强："难怪镜片看起来比较脏，问题应该出在眼镜上面。"

小李："眼镜？您说说理由。"

王强："根据资料显示，这位客户是计算机专业毕业的，平时也是西装革履的，一定是个严谨的人。我们的产品、价格、服务都是没问题的，而你的销售能力我也是相信的，所以，我觉得应该是对方看到了你的眼镜，觉得你不太可靠，毕竟，他怎么会放心地把自己的钱交给一个连自己眼镜都不擦干净的人呢？"

小李："您这么一说，我想起来了，怪不得在谈话的过程中他不看我，原来是不想看我的脏眼镜，明天我把自己收拾得干干净净，再去拜访一遍，您放心，肯定完成任务。"

不出所料，小李在第二天成功与该客户签了合同。

对员工的工作进行观察，不仅要看他提交上来的工作是否有错误、思维是否过人、态度是否积极，还应该注意一些小细节。那么，在对员工的工作进行观察时，该从哪些角度入手呢？其内容如图 10-7 所示。

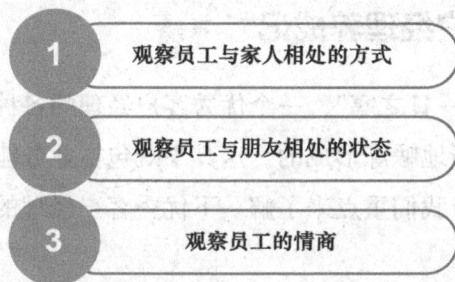

1	观察员工与家人相处的方式
2	观察员工与朋友相处的状态
3	观察员工的情商

图 10-7　对员工的视察角度

1. 观察员工与家人相处的方式

每个人在这个社会上都扮演着不同的角色，有些是真实的自己，有些是角色的要求，而一个人在与家人相处的过程中，往往要比在其他场合放松，表现出来的也是最真实的状态，因此，观察他如何与家人相处，可以了解员工未经社会修饰的性格是什么样子。通常客户经理可以组织一些家庭集体活动达到观察的目的。

2. 观察员工与朋友相处的状态

"物以类聚，人以群分"，通过对员工朋友的观察，也可以大致判断员工的基本性格特点。此外，可以观察他与朋友具体的交往状态，如吃饭谁买单、朋友遇到困难时是否真心去帮、在朋友中充当什么样的角色等。

与朋友相处过程中的表现，通常是一个人社会表现的缩影，可以通过观察员工与朋友交往的状态来判断员工适合什么样的工作。

3. 观察员工的情商

通俗点来讲就是观察员工情绪管理的能力。一个人如果不能控制好自己的情绪，就没有办法沉着冷静地处理各种问题，因此在事业上上升的空间很小。当然，客户经理要在多种环境下观察员工的反应，条件越恶劣，结果越真实。

> **小·提示**：客户经理可以在暗中观察，也可以站在旁边观察，可以在工作中观察，也可以在工作外观察，总之，一切观察都要以员工的成长、团队的强大为目的。

10.3 优秀客户经理养成记

"冰冻三尺，非一日之寒"，一个优秀客户经理的各种能力并不是与生俱来的，而是后天不断地锻炼形成的。这其中既包括业务能力，又包括个人的整体素质。这一小节我们重点来了解一下优秀客户经理的业务素质是怎样养成的。

10.3.1 甄别千万元储蓄大户

之前我们介绍过"二八定律"，即一个企业 80% 的利润是由 20% 的客户创造的。可见，能否与大客户建立良好的合作关系，是一个企业兴衰存亡的关键。所以，客户经理在销售的过程中，就应该以大客户需求为导向，把大客户的需求作为销售过程中的重要导向。

刘帅是某市 ×× 银行的客户经理，平时的主要工作是对公业务，虽然他一直想做一个大额的私人储蓄，但一直都没有机会。在一次同学聚会上，他无意中听一个同学说起一个外地企业家的事例：这个企业家在当地投资了一个材料加工场，经济效益很好，而且在当地有数千万的存款。

当时，刘帅便产生了把这位企业家发展成客户的想法。虽然他之前从来没有做过这么大的单子，也不确定同学的信息是否准确，但他还是决定抓住这个机会，尝试一下。

于是，刘帅迅速联系了同学，详细地向同学了解了这位企业家的个人信息、兴趣爱好、生活习惯等，当确定他确实有资金实力后，便把其定为了重要的目标客户。与此同时，刘帅针对企业家的实际情况，为其量身打造了一套理财计划，并把××理财产品作为重点推荐产品。当准备工作都做好后，他启动了营销计划。

由于前期工作做得比较完善，在争取客户的时候也并没有其他的竞争对手，再加上刘帅诚挚的心意和周到的服务，没过多久，这位企业家就把一千万元存进了刘帅所在的银行。

银行客户经理每天要接触很多的人，也会接收到很多的信息，那么在这些海量的信息中，大家应该怎么甄别以及确定哪些客户是自己想要的呢？其方法如图 10-8 所示。

方法一	对客户群进行分析
方法二	拓展信息来源的渠道
方法三	重点收集大客户的信息
方法四	对大客户进行信息分析

图 10-8　甄选客户方法

1. 对客户群进行分析

要定期整理、分析客户的资料，对客户类型做好归类，把重点放在大客户的身上，不断加深客户的忠诚度。

2. 拓展信息来源的渠道

做产品销售，很大程度上是一场信息战，谁的人脉广，谁的渠道多，谁就能在激烈的市场竞争中抢占先机。

3. 重点收集大客户的信息

通过以上两种渠道，重点去发现和收集大客户的资料。其中既包括客户的姓名、年龄、住址、电话、邮箱、职业等基本信息，也包括客户的购买能力、类型、频率以及历史记录等。

4. 对大客户进行信息分析

在掌握了大客户基本的信息之后，就要对其进行详细的分析，有针对性地为其制作理财计划，推荐最合适的产品。一般情况下，一个理想的大客户应该包含这几个特征：具有先进的理财观念；具有良好的财务信誉；具有雄厚的资产等。

> **小·提示：** 随着市场竞争日趋激烈，市场环境变化异常，只有充分把握住大客户，公司业务才能更好地发展。在未来的竞争中可以预见，大客户管理必将成为企业最重要的战略销售手段之一。

总之，银行客户经理要有甄别大客户的能力，因为这是进行成功营销的第一步，也是极为重要的一步。

10.3.2 数次拜访客户拿到 1500 万元存款

客户经理的工作并不是一帆风顺的，在与客户建立合作的过程中会遇到种种阻碍，甚至直接被客户拒绝。所以作为一名合格的客户经理，要有一颗强大的心和一双勤快的腿，要用诚意去打动客户，直到合作的达成。

姜飞是上海某银行的客户经理，经过收集多方面的资料，他锁定了目标客户赵女士。赵女士虽然年轻，但是在事业上却取得了很大的成功，而且经常和银行有业务上的往来，所以他决定把这个客户争取到手。

姜飞首先给赵女士的办公室打了电话，以下是对话的内容。

姜飞："您好，我是××银行的客户经理。请问赵经理在吗？"

赵女士："我是，您有什么事情吗？"

姜飞："赵女士，是这样的，想必您也知道我们银行在整个行业不论是产品还是服务，都是比较靠前的。最近，我行又新推出一款产品，是专门为像您这样的大客户量身打造的。这周六我们有个关于这款产品的发布会，您可以来吗？"

赵女士："周六？不行，我有其他的事情需要处理。"

姜飞："哦，真可惜。那您什么时候有时间，我过去和您面谈吧？"

赵女士："我具体也不太清楚，等有时间再和您聊，再见。"

打完这个电话后，姜飞还想了很多办法，但这个客户一直无动于衷。几乎每隔一段他都去拜访赵女士，但每次聊的时间都很短，还没有谈论到具体的业务时，他就被种种借口请了出来，因此工作一直没什么进展。

后来姜飞又一次翻查了赵女士的资料，发现赵女士有个正在上幼儿园的女儿，于是他调整了思路。在一个周末，姜飞拿着为赵女士女儿精挑细选的礼物上门拜访，他们并没有谈论工作上的事，而是聊了一些关于孩子教育和成长的话题，这期间赵女士的女儿十分开心地玩着姜飞给买来的玩具，笑声充满了整个屋子。分别时，赵女士把姜飞送出了小区，还叮嘱他有空再来。

过了两天，赵女士就给姜飞打电话说她们公司愿意接受合作，而她个人也会存款 1500 万元。

在拜访客户的过程中要讲究方法，如果只是死钻牛角尖，只会令客户讨厌，那么，在拜访客户的时候应该注意什么问题呢？其内容如图 10-9 所示。

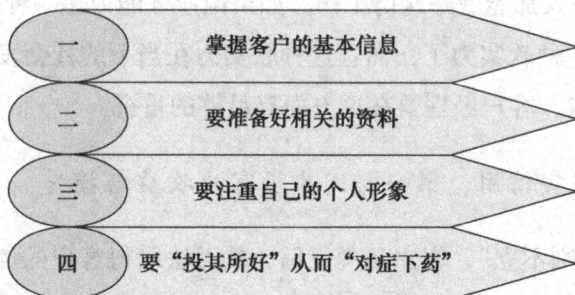

一	掌握客户的基本信息
二	要准备好相关的资料
三	要注重自己的个人形象
四	要"投其所好"从而"对症下药"

图 10-9　拜访客户的注意事项

（1）掌握客户的基本信息。

除了我们之前所说的，若是能够掌握客户的民族、籍贯、学历、经历这些信息就更好了。最忌讳的就是一点准备工作都不做，单纯地想凭借一腔热血来打动客户。

（2）要准备好相关的资料。

如产品的介绍材料、笔记本、谈话有可能涉及的话题，如果有必要甚至可以带着合同以及相关的文本。在有条件的时候，拜访者还可以随身携带一些小礼物，赠送给客户，礼物的价值不能太高，否则客户会觉得你不可靠，能表达自己的心意就好。

（3）要注重自己的个人形象。

人的第一印象是非常重要的，如果我们给客户留下成熟稳重、积极上进、诚实可靠的印象，那么事情就已经成功了一半。但是如果给客户的第一印象并不好，如抓耳挠腮、目光游离不定、坐姿不端正等，就会令客户反感。

（4）要"投其所好"从而"对症下药"。

客户经理在争取客户的时候不能急于求成，要有耐心，要沉得住气，一时的拒绝并不代表永远的拒绝，多点辛苦，多点诚意，多一种思考问题的方法，我们就会有越来越多的客户。

10.4 客户经理品质养成

客户经理不但要有过硬的专业能力，优秀的个人品质也是必不可少的，因此，不是任何人都能做好这份工作。如果说业务能力是一种硬实力，那么，个人品质就是一种软实力了，而且这种软实力在当下的社会发挥着越来越重要的作用，所以，客户经理要在这方面有足够的重视。

10.4.1 诚实信用，第一时间告诉客户收益与损失

"人无信，则不立"，客户经理无信，就无法取得客户的信任，业绩自然做不好。很多人认为诚信是道德层面上的东西，内心也知道诚信很重要，但是在商业行为中却并不重视，因为他们觉得太过诚信，会暴露出自身产品的不足，不利于销售。

然而，这些人却不知道，在市场经济环境下，道德和利益往往是相邻而

居的。不管是一个人还是一个企业，重视道德，讲究诚信，往往可以在经济上得到丰厚的收益；反之，不但会在道德上遭受谴责，受到法律的严惩，更难以在经济上获得长久的利益。就诚信的重要性而言，说"诚信是金"绝不为过。

李先生是××银行的老客户了，之所以选择这家银行，主要是因为每次他在购买产品的时候，银行的客户经理都会仔细地向他介绍产品的优点和缺点，把产品收益和可能出现的风险都诚实地告诉他，这让他感觉特别放心。以下是某一次李先生在购买产品时与客户经理的对话。

客户经理："您好，李先生，您这次过来是办理什么业务呢？"

李先生："听同事说贵行新发行了一款产品，收益也要比普通的理财产品高，我过来了解一下，可以的话，就准备入手。"

客户经理："李先生，是这样的，这款产品虽然收益比较高，但是风险相对也是比较大的，根据监管政策要求，您需要进行风险测评，确定您的风险承受能力是否能购买此类理财产品，包括家庭收入、预期回报等多项测试。"

李先生："这么麻烦？"

客户经理："是的，我们得为您和您的财产负责，只有做完科学的判断，您才能购买。还有，您在选择银行产品的时候，要看清楚到底是不是银行自己发行的。一般而言，银行自己发行的理财产品风险较低，而代销的诸如信托类理财产品，其预期收益率较高，相应的风险也高得多。"

李先生："哦，原来是这样啊，多亏了你的详细讲解，让我对金融产品有了更深的了解，谢谢你，我以后购买产品时一定多加考虑，以避免没必要的损失。"

客户经理："别客气，对客户讲清楚产品的收益和风险是我们应该做的。"

李先生："行，那我们去做评估吧。"

客户经理的工作不在一时，而在一世，只有客户满意，事业的道路才会越走越宽，那么如何做到诚信呢？其内容如图 10-10 所示。

图 10-10　做到诚信的方法

1. 诚信做产品

在市场中，客户经理最终的目的就是要实现产品的售卖，而产品的方方面面都会决定它是否能经得起市场的考验，是否能真正满足客户的需求，是否会受到消费者的欢迎。没有好的产品，一切都是无源之水，无本之木，其他方面做得再好，也是没有竞争力的。

2. 诚信定价格

价格是企业赢得市场的有效武器，也是一把双刃剑，运用得好，可以促进企业的发展，运用得不好，便会使企业迅速陷入困境。在市场竞争激烈的时代，不少目光短浅的销售员利用各种虚假的优惠价、活动价、会员价等欺骗消费者，虽然取得了短期利益却损害了企业的长期发展。如果客户经理在推销产品时能做到价格诚信，业绩一定会越做越好。

3. 诚信推销产品

当前社会，商业快速发展，为了更好地实现产品的售卖，各行各业都在探寻有效的销售方式。在这期间，出现了许多不诚信推销产品的现象，例如，不实宣传、价格欺诈、限制消费者合法权益、缺乏安全管理措施、违反商业道德、操作有违社会善良风俗的促销活动等。在促销的过程中不诚信，会损失客户经理在用户中的信誉，最终客户经理会自食其果。

小提示：朝三暮四式的狡诈、信口开河的承诺、不计后果的誓言，最终必然会失信于人；朋友远离你，事业的败笔，成功的渺茫，这样不仅显示其人格卑贱、品行不端，而且是一种只顾眼前不顾将来、只顾短暂不顾长远的愚蠢行为，最终会造成一个人一事无成。

10.4.2　热情周到，无论钱多少均一视同仁

我们曾多次提起"二八原则"，即 20% 的客户创造 80% 的利润，在今天企业更加注重客户价值的大环境下，他们会把精力和资源都集中在这 20% 的客户身上，最常见的就是为其提供一对一的营销服务。

通常客户经理筛选客户服务对象时，也更喜欢服务那些能够给他们带来更多利益的客户，对其他客户则冷落一旁，不能做到一视同仁。本来在市场激烈竞争的今天，这种营销策略无可厚非，但是它往往会导致客户产生不公平的感觉，甚至传播对个人和银行不利的信息。

下面是北京某银行的案例，为我们展示了什么是真正的一视同仁。

有一天，离下班还有几分钟的时候，一位老大爷形色匆匆地走进了银行大厅，他似乎有什么重要的事情。客户经理杨志龙观察到这一现象后，主动接待了这位大爷。在谈话的过程中，客户经理得知老大爷的钱包丢了，里面有他的银行卡和身份证，而且银行卡的密码是他身份证号码的后六位，他怕别人捡起来，误打误撞输对了密码，把自己辛辛苦苦攒下的钱取出去。

虽然这位老大爷平时很少办理其他的业务，涉及的资金也很少，而且已经到了下班的时间，但是，杨志龙一边安慰老大爷，一边帮老大爷挂失银行卡，由于没有身份证原件，他还想了其他的办法。当一切都办理妥当后，已经下班一个多小时了。

老大爷得知自己的钱不会有损失时，激动得热泪盈眶，他不断地向利用自己休息时间来为他服务的杨志龙表示感谢。杨志龙只是笑笑说："这都是我应该做的，让客户满意是我们的职责。"

从此以后，老大爷逢人便说杨志龙的事迹，还介绍自己的亲朋好友来这家银行办理业务。

当然，一视同仁并不意味着凡事都一刀切、一切雷同，只有正确理解一视同仁的内涵，才有可能真正做到一视同仁，毕竟客户有大有小，经济实力有强有弱，消费金额有高有低，所以没有必要在所有的客户身上花费一样的时间，只要客户能感受到来自我们内心的尊重就可以了。

那么，在具体的工作中，关于一视同仁，应该具备怎样的观念呢？其内

容如图 10-11 所示。

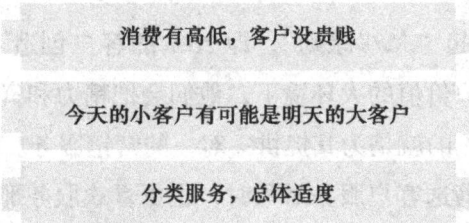

消费有高低，客户没贵贱

今天的小客户有可能是明天的大客户

分类服务，总体适度

图 10-11　工作中应具备的观念

1. 消费有高低，客户没贵贱

我们知道，客户的消费水平是有高低的，银行主要的利润是来自于那些大客户，客户的消费水平高，银行的盈利就多，反之，银行的收益就少。但是，对于银行来说，客户是没有贵贱之分的，凡是走进门的人，我们都应该用心为其服务，我们可以在大客户的身上多投入一些时间和精力，但是一定不能忽略一般的客户，因为所有的小客户加起来也是个庞大的群体。

2. 今天的小客户有可能是明天的大客户

其实，客户的消费档次并不是一成不变的。只要服务得好，客人的消费档次是可以转化的，因此，客户经理不能只盯着大客户，而对一般客户有所忽略，要对所有的客户都服务到位。这样的话，一旦这些小客户的财富增加，需要进行理财时，首先想到的就会是我们。

3. 分类服务，总体适度

银行要提供完全一视同仁的服务是不可能的。因为银行是以盈利为目的的，否则就难以在激烈的竞争中存活下来，所以要针对不同的客户群，制定出不同的服务标准，这样，既能节约银行的成本，又可以使客户享受到相应的服务。

例如，向高价值客户群提供对等的服务，提高客户的忠诚度，确保这些客户能够更长期地保留下来是银行生存和发展的根本所在；对于中端的客户群可以设计客户关怀项目，通过服务的交叉销售来激励这些客户的价值提升；而对于最低端的客户群，应该坚持适度的原则，既不能提供超过付费太多的服务，也不能带有"歧视性服务"。总之，要让所有的客户都能感受到来自银行热情周到的服务。

10.4.3 积累知识，每月都有小进步

"活到老，学到老"，在各行各业都竞争激烈的今天，我们必须努力增进自己的工作知识和技能，不断地给自己充电，我们学习的速度必须要赶得上知识更新换代的速度，这样才不至于被社会淘汰。

对于客户经理来说，绝大部分的时间不是在打电话就是在跑业务，很少有时间能坐下来交流学习。所以，尽管有些人已经进入这个行业很多年了，业绩却并没有得到提升。

一名优秀的客户经理要做到每一天都在提升，不管是在精神层面还是文化层面，因为我们的客户来自各行各业，他们处在不同的阶层，所接触的事物和持有观念也各不相同，要想与每个客户都能有共同的话题，更好地完成销售任务，就必须要注重知识的积累。

许超是上海某银行的客户经理，虽然从业仅一年，但他却为银行争取了很多的大客户。当同事们问他有什么诀窍时，许超是这样回答的："其实我们的专业素质都差不多，我的业绩之所以高点，也许是因为我和客户共同的话题比较多吧，因为我平时喜欢看新闻和读书，所以和有些客户能聊到一块儿。"接着，他讲了他的一次经历。

"有一次，我根据收集来的资料确定了一位目标客户，这个客户经营着一家大型的连锁超市，经常与银行有业务上的往来，我当时就想一定要把这个客户争取到。但是，前两次我们见面的时候，他和我说的话很少，基本就是敷衍几句，然后找借口让我离开。我并没有放弃，于是第三次走进了他的办公室，当时他正在读王阳明的《传习录》，因为我之前看过，所以就和他聊王阳明，然后我们越聊越投机，最后他不但成了我的客户，还成了

我的朋友。"

那么，要想成长为一名优秀的客户经理，平时该积累些什么知识呢？其内容如图 10-12 所示。

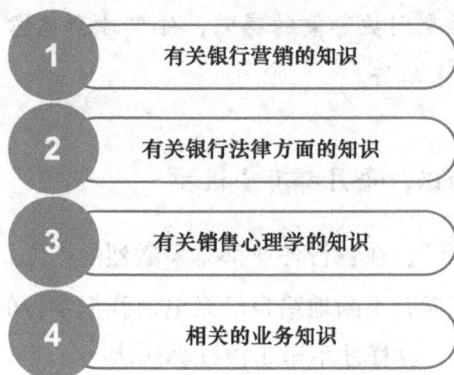

图 10-12 客户经理需要积累的知识

1. 有关银行营销的知识

银行客户经理最主要的任务就是把产品成功地推荐给客户，因此必须要了解相关的营销知识和营销策略，必须要知道现阶段营销正沿着以客户为中心的营销理念、关系营销理念、社会营销理念方向发展。在把握住大规律的前提下，再不断地学习相关的知识，努力提高自己的营销技能。

2. 有关银行法律方面的知识

在推销产品的过程中要遵循内心的道德和法律的规定，如果介绍不当或违反有关承诺、保证以及进行商业诽谤等都会被认为是不道德的销售行为。这些不道德的销售行为，严重的可能惹上麻烦，如受到法律的制裁等。除此之外有关金融方面的法律也应该熟知，这样的话，就会明白自己哪些该做，哪些不该做，不至于违反法律。

3. 有关销售心理学的知识

人们常说"功夫在诗外"，销售的功夫也在销售的产品之外，客户经理除了关注产品本身，还要注意一些细节。学习一些心理学的知识，在与客户交流的过程中就更容易把握客户的实际需求，因为一般情况下，客户内心真实的想法总会通过自己的面部表情、行为动作、眼神、语气等表现出来。

4. 相关的业务知识

对优秀的客户经理来说，向客户介绍产品之前掌握必需的业务知识是非常必要的。没有专业的支撑，任你口才再好都无济于事。成功的销售基础是对产品、对客户有着深入的了解，因而一定要掌握必要的业务知识和信息。销售过程是对客户的说服与指导过程，只有掌握了必要的知识，才能进行有针对性的说服与指导。

> **小提示**：客户经理应当学习一切有用的东西来为己所用，不断地增强自身的实力，不断提高服务客户的水平，使自身的价值有更好发挥的余地，从而使银行的明天更美好。

10.4.4 心态平和，事多事少一样做

一个团队是由不同的个体组成的，一般情况下单位人员分工明细，每个人都有自己负责的工作内容，但有时候我们也会遭遇到"不公平"的待遇，如被迫多干一些事情。这个时候我们的心里也许就会有所抱怨。

其实，表面上看自己受到了劳累，但是就个人发展来说，力所能及地多做一些事，还是有很多好处的，如会让他人对你产生好感，同时这也是对自己的磨炼和成长，所以客户经理在工作中要保持平和的心态，树立"事多事少一样做"的观念，不断地提升自己的实力。

高飞是上海某银行的客户经理，他不但业绩做得特别棒，与同事的相处也十分融洽，他的人生信条就是"吃亏是福"。不管是在生活中还是工作中，他总能平心静气地对待各种事情，所以每次都能很好地解决问题，出色地完成任务。

高飞具有强烈的责任心，他总会在第一时间承担起事情的责任，部门之间的灰色责任带，他也花费时间和精力去处理相关的事情。有些同事觉得他傻，可是他一直都认真地做着他认为正确的事情。

时间久了，同事们不再嘲笑他了，取而代之的是对他的尊敬，大家都愿意和他相处，并且对他十分信任。上级知道了高飞的事情后，觉得他可以胜任更高一级的工作，于是便给他升了职。

确实，"吃亏是福"，那么，在实际的工作中怎么做才能保持心态平和呢？其内容如图 10-13 所示。

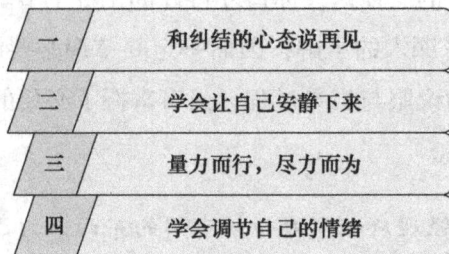

一	和纠结的心态说再见
二	学会让自己安静下来
三	量力而行，尽力而为
四	学会调节自己的情绪

图 10-13　保持平和心态方法

1. 和纠结的心态说再见

有很多时候我们会因为一些琐碎的事情而纠结，由此产生一系列的负面情绪，其实，很多事情都没有固定的答案，而是看你做出什么样的选择。明白这一点，做到顺其自然，心里就会洒脱，就会坦然面对世人眼中所谓的"不公平"。

2. 学会让自己安静下来

面对自己不喜欢或不愿意做的事要能沉得住气，明白生活中并不是所有的事情都能按自己所期望的进行，开开心心工作，踏踏实实做事，不管是简单的、复杂的、自己工作范围之内的还是之外的，凡是力所能及的都要去认真地做，这个过程一定会收获很多珍贵的东西。

3. 量力而行，尽力而为

有些人之所以心态不平衡就是因为太过急功近利，好高骛远，并没有从自己的实际情况出发制订一个合适的目标，一旦达不到自己预期的效果，就会破坏内心平静，从而影响心情。因此，我们可以仰望星空，但一定要基于脚踏实地的基础上。

4. 学会调节自己的情绪

一些人在遇到问题后，常常自乱阵脚，导致简单的事情复杂化，困难的事情变得更糟糕。其实，有些时候，事情并没有我们想象中的那么难，也不是那么不公平，心大了，世界就广阔了。

💡 **小·提示**: 对于客户经理来说，保持一颗平常心，待人就会更大度，处世就会更通透，才能看清楚事情的本来面目而不受偏见的左右，才能够正确看待眼前的一切，较好地处理当前发生的事情，不会因此增加不必要的苦恼和烦闷，也就不会给自我的前程设置障碍。这样的话，不但在职场上能取得好业绩，在生活中也会过得更快乐。

10.4.5　情绪稳定，不将坏情绪带入工作中

每个人都是社会中的人，每天在不同的地点转换着不同的角色，有时候，我们由于生活压力、家庭矛盾、爱情牵绊等种种原因而陷于深深的苦恼，然后又把这种不好的情绪带入到工作之中，所以常常不能很好地完成任务。

事实上，每个人都会遇到不开心的事情，如果一直放任自己沉沦在这种坏情绪之中，会对我们的生活产生很多的负面影响甚至危害到我们的身心健康。

通常，在事业上取得成功的人，往往都能很好地控制自己的情绪，不会轻易受到外界的影响。反之，一个不能控制自己情绪的人，常常不能静下心来思考，也不能保持敏锐的洞察力，所以经常干不好甚至丢掉工作。

李刚在北京的一家银行担任了 3 年的客户经理，由于他在工作中不能很好地管控自己的情绪，与同事的相处也不融洽，所以自认业务能力优秀的他始终没有升迁的机会。愤怒之下，他决定跳槽。适逢一家民营银行在招聘客户经理，他便投了简历。对方看李刚有工作经验和自己的客户资源，便让他过去面试。表面看起来似乎"万事俱备，只欠东风"了。

但是，面试当天李刚起晚了，再加上路上堵车，等到达面试地点，已经迟到半个小时了。好不容易等到了电梯，等他上去后电梯超重的警报又响了起来，这时候，李刚觉得自己倒霉极了，心情极度不好。当走进另一部电梯时，他又被一位女士踩到了脚，这时候，李刚再也控制不住自己的情绪了，那位女士还没来得及道歉，李刚就对她大吼大叫。

当李刚走进面试间的时候，HR 告诉他主管有其他的事情在处理，让他稍等一会儿，正当李刚庆幸自己没有错过面试的时候，刚才不小心踩他脚的

那位女士走了进来，结果，李刚自然没有被录取。

客户经理每天要面对不同的客户，这些客户在年龄、性格、职业、受教育程度等方方面面都不同，在与客户交流的过程中很容易产生不稳定的情绪，从而影响自己的工作，那么，在具体的工作中，客户经理该怎样调节自己的情绪，更好地完成工作呢？其方法如图 10-14 所示。

图 10-14 调节情绪方法

第一，保持微笑。

在生活中遇到不如意的事情很正常，我们要做的就是及时调整好心态，常把微笑挂在脸上。因为微笑不但能够掩盖甚至能够化解我们内心的负能量，这样其他人就不会和我们保持距离，不但能够很好地完成工作任务，还可以收获良好的人际关系。

第二，保持冷静。

"福无双至，祸不单行"，如果我们在面对不如意时不能保持冷静的头脑，往往会犯更大的错误。所以，在感觉自己情绪将要失控的时候，可以想一些其他的事情，有条件时用凉水洗洗脸，让自己"冷"下来。

第三，保持积极乐观的心态。

任何事情都不是绝对的，我们认识问题时眼光要放长远，全面、辩证地看待整个事件，因为"塞翁失马，焉知非福"，心态积极乐观了，坏事也有可能变好事。

第四，远离负能量。

有时候，坏情绪并不是由自身的原因产生的，而是受到周围环境的影响。如同事抱怨自己不公平的待遇，这种负面的情绪就有可能影响到你，因为情绪是可以"传染"的。所以，我们不管是在生活中还是工作中，都要避免与具有负能量的人接触。

第五，消除抱怨心理。

工作中遇到压力时，有抱怨也不要在公司里说出来。因为在抱怨的过程中，不仅不能解决任何问题，而且还会损害自己的职业形象，给同事留下不好的印象，甚至毁掉自己的职业生涯。

> 💡 **小·提示**：客户经理经常要与客户交流，自身的情绪很容易感染到客户，所以能够在任何情况下都保持稳定的情绪是一项必备的能力，只有情绪稳定、头脑冷静，才能够更好地完成工作。

第 11 章
客户信息与档案管理

在激烈的市场竞争中，谁能掌握优质的客户资源，谁就能笑到最后。所以，如今企业越来越注重客户信息的收集和档案的管理。很多人认为档案管理是一件很容易的事情，如记录客户的姓名、职业、联系方式、居住地址等。

其实这仅仅是表面上的工作，客户档案管理也需要数据化、精细化、系统化，这样的档案才能发挥指导营销的作用。所以客户经理在对客户的档案进行管理时，一定不能只停留在表面，而要挖掘其更深层次的信息，这样才能更好地赢得客户。

11.1 客户级别分类管理

客户经理每天要和不同的客户谈业务，每个客户给银行带来的价值并不是等同的，为了节约成本以及更有针对性地为客户提供相应的服务，客户经理必须要进行客户级别分类管理。所谓的客户级别分类管理，就是根据客户所创造出的价值进行分类，并针对不同客户类型制订不同的营销策略，配置不同的市场销售、服务和管理资源，以达到最好的营销效果。

11.1.1 重点客户：已购买产品的大型客户

当今社会的商业领域，无论哪行哪业，都是以客户为中心的，他们决定企业的生产、销售、服务甚至是组织结构。一言以蔽之，客户贯穿于产品从生产到售后的整个环节，几乎决定一切！其中重点客户更是在其中发挥着重大的作用，对于任何企业来说，保持重点客户的忠诚度，是企业生存与发展的根本。

陈英是上海某银行的客户经理，从业多年来他为银行争取到了很多大客户，个人业绩不断地刷新。陈英之所以能把工作做得这么好，除了过硬的职业能力和良好的个人素质，还有一个小秘诀，那就是对重点客户的信息进行详细的记录和认真的分析。

陈英说："如果能准确了解大客户的需求，并及时为其提供服务，那么这个大客户就会与银行建立比较长久的相互信任的关系"。陈英有一个专门的笔记本记录大客户的信息，他并不是仅仅记录客户一些简单的信息，更主要的是分析大客户对产品的需求，对不同产品的评价，同时也对其背景、角色等进行深入的了解，从而制订出有针对性的策略。

有一天，一位客户来银行购买了一款大额的理财产品，陈英立刻把这位客户列入了重点客户名单，三天之内便详细收集了这位客户的资料，其中不但包括生日、家庭状况、籍贯、职业、毕业学校、喜欢的食物等最基本的信息，还包括他上次度假的地点和下次休假的计划、行程、在机构中的作用、同事之间的关系等。

在这些信息的支撑下，陈英对这位客户进行了针对性的销售，最终，不但成功地拉来了客户，他们还成了好朋友。

客户经理在日常的工作中，也要把主要的时间和精力放在重点客户的身上，因为这样做有诸多的益处，其好处如图 11-1 所示。

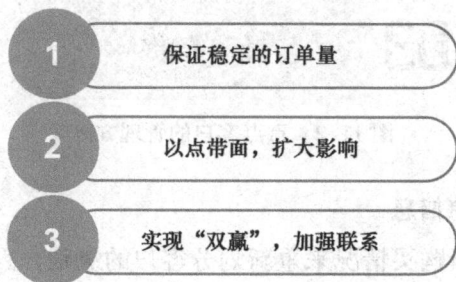

1	保证稳定的订单量
2	以点带面，扩大影响
3	实现"双赢"，加强联系

图 11-1　精力放在重点客户身上的益处

1. 保证稳定的订单量

依然可以用"二八原则"来解释，银行 20% 的大客户创造了 80% 的收益，只要与大客户建立合作互信的关系，银行就能够继续生存和发展。

2. 以点带面，扩大影响

大客户在社会上占据的资源较多，人脉也比较广。如果我们能与大客户建立起彼此信任的关系，就可以拜托他们介绍其他的客户给我们认识，从而不断扩大优质的客户群，获得更多的利润。

3. 实现"双赢"，加强联系

传统的观念认为，企业和客户是相互对立的，企业要想获得利润，就该最大限度地创造盈利的机会，甚至欺骗、损害客户的利益。

但是，在以大客户为导向的今天，企业的观念发生了根本性的转变，只有真正为客户着想，得到客户的信任，企业才能长久地生存下去。这样，双方都能获取到自己想要的东西，联系也会更密切，实现良性循环。

"商场如战场"，市场随时在发生着变化，再加上对手的竞争这一因素，一个企业与大客户的关系并不是不变的，处理不当，也许并不是损失一个客户那么简单。那么，在具体的工作中，该怎样做好重点客户的管理呢？其方法如图11-2所示。

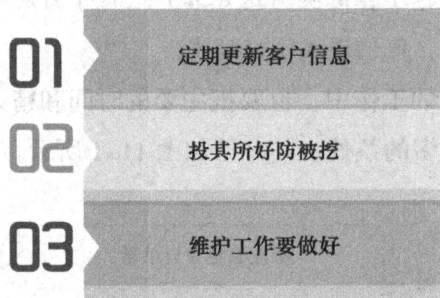

01	定期更新客户信息
02	投其所好防被挖
03	维护工作要做好

图 11-2　重点客户的管理方法

1. 定期更新客户信息

根据客户的最新购买情况来重新划分客户的级别，因为有些客户已经从一般客户转变为重点客户了。同时，多与重点客户聊天，随时关注新信息，争取在第一时间寻找到潜在的大客户。

2. 投其所好防被挖

当发现以前发展来的大客户被对手"挖走"时要采取快速的行动，根据积累的资料，"投其所好"，找出最有效的解决办法。

3. 维护工作要做好

要注重客户的维护工作，部分用户可适当并且有规律地隔一段时间打电话问候一下，比较重要的客户要上门拜访、交流，并带上公司的小礼品。客户经理要把功夫下在平时的点点滴滴上，抓住客户的心。

> **小提示**：重点客户又被称为大客户，这些客户是指一般占银行客户经理业绩80%的客户，除此之外的客户群则可划入中小客户范畴。银行客户经理要想有高业绩，必须要认真对待现有的重点客户，并持续开发一些重点客户，这样才能做出事半功倍的高业绩。

11.1.2 目标客户：有购买意向和消费能力

业绩提不上去，很大程度上是因为不能准确地搜索到"消费群体"，从而也就确定不了目标客户。所谓的目标客户，就是对企业的产品和服务有需求，并且有能力购买的客户，是企业或商家提供产品、服务的对象。确立目标客户是营销工作的前端，所以找准目标客户，是非常重要的一步。

余文龙是上海某银行的客户经理，每次绩效考核的时候他都排在前列，这主要是因为他对市场的把握非常准确，总能从茫茫人群中找到目标客户，这主要得益于他对客户信息的整理。

余文龙的客户资料包括现有的客户、与银行联系过的单位、参加银行活动的客户等。每次新的产品发行时，他就把厚厚的资料翻一遍，先从老客户中确定目标客户，然后再根据老客户的特点去寻找新的客户，就这样，他的人脉越来越广，业绩也越来越好。

有一次，银行新发行了一款老年理财产品，余文龙并没有盲目地去推销这款产品，而是先翻查了客户记录。他发现杨大爷已经到退休的年龄了，而且子女都已成家，他觉得杨大爷非常适合购买这款产品，便将产品介绍给了他。结果，杨大爷不但自己购买了一款，还到处向小区的老人介绍。不出意外，余文龙又一次拿到了部门的销售冠军。

那么，除了资料管理的方法，还可以怎样开发潜在目标呢？其方法如图

11-3 所示。

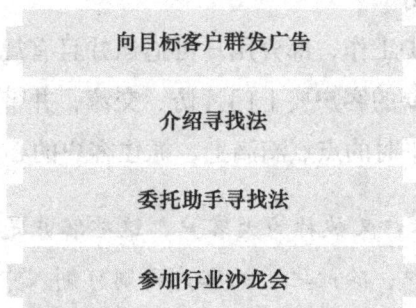

| 向目标客户群发广告 |
| 介绍寻找法 |
| 委托助手寻找法 |
| 参加行业沙龙会 |

图 11-3　开发潜在客户的方法

1. 向目标客户群发广告

"广告"，顾名思义"广而告之"，即把自己想要宣传的信息广泛地告诉人们，使他人能够最大限度地接收到信息，被产品吸引，从而做出购买的决定。需要注意的是，客户经理在宣传产品的过程中要突出产品的优点，直接告诉客户他们能得到的利益，同时，要避免虚假宣传。

2. 介绍寻找法

可以凭借自己的人脉来拓展客户群，例如，可以通过老客户的直接介绍或提供的信息确定目标客户，也可以通过客户经理的熟人、朋友等社会关系找到客户。一般介绍寻找法主要方式有口头介绍、信函介绍、电话介绍、口碑效应等。

3. 委托助手寻找法

可以向专业的人员或机构支付一定的报酬来获取相关的信息，他们手中往往集中了大量的客户资料和资源，以及相关行业和市场的信息。一般来讲，这种渠道得来的信息是比较有价值的，毕竟他们是专业分析市场和需求的，如果其他方法行不通，这也不失为一个好方法。

4. 参加行业沙龙会

每个行业都有方便同行交流的沙龙会，可以充分利用沙龙会寻找客户、联络感情、沟通了解。如果进行顺利的话，我们就能获得和同行交流沟通的机会，了解行业内最新的资讯，并且可以开发出更多的客户。

小·提示： 一个有着良好业绩的客户经理，通常有着准确选择和确定目标客户的能力，因此，客户经理要特别重视寻找目标客户的工作，不断提高自己这方面的能力，从而赢得更多的客户。

11.1.3　潜在客户：有消费能力和潜在需求

潜在客户，就是指对某一产品或服务有消费能力和潜在需求的客户。这种需求没有被明确地表达出来，有时候连客户自己都不曾察觉，因此需要客户经理进一步的挖掘和开发。

"逆水行舟，不进则退"，一个企业能否在激烈的市场竞争中存活下来，与能否开发和创造客户紧密相连。一个成功的企业会不断地开发和创造客户，从而给企业带来更高的利益，一个成功的客户经理亦是如此，只有这样，才能更好地做出业绩，有一个成功的职业生涯。

郭盛是天津某银行的客户经理，从业五年来，他不断地刷新自己的业绩，与大部分的客户经理一样，郭盛也有自己的一份客户资料，并且他总能从资料中剖析出客户的潜在需求。

有一次，银行新发行了一款短期的理财产品，为了更好地售卖这款产品，他先翻阅了自己积累的客户资料，发现李老板比较适合这款产品。郭盛之前为李老板办理过一次贷款，但之后就没再办理过其他的业务了。现在，李老板的公司已经做得非常大了，所以郭盛准备向李老板推荐这一款理财产品。

但是，当他和李老板见面聊这个事情的时候，李老板表现得很敷衍，还没等他介绍完这款产品，李老板就拒绝了，说自己是不会购买银行的理财产品的，然后便找开会的借口送走了郭盛。

郭盛并没有放弃，一周之后他又找到李老板，对他说银行为他开了一张白金卡，毕竟这张卡不但能在办理业务时给李老板带来很多的方便，更是一种身份的象征。聊着聊着，李老板觉得郭盛是真心为他着想，于是就咨询了上周郭盛提到的那款理财产品。郭盛仔细地向李老板介绍了那款产品，并为其算了一笔账。如 3 亿元的本金，如果存一般的活期，3 个月收益是 30 万元左右，而如果购买这款理财产品，则可以获得 80 多万元，一样的投入，却是不一样的产出。

此后，每当生意处于淡季，不需要大量资金周转时，李老板就暂时把钱投到这款产品上，他不仅自己这样做，还介绍了其他朋友来购买。

客户经理每天都要面对很多人，所收集的客户信息也会越来越多，怎样在最短的时间内，用最少的精力来找到潜在客户并把其转化为实际的客户，是每个客户经理都需要考虑的问题，下面我们来介绍一种寻找潜在客户的"MAN"原则（见图11-4）。

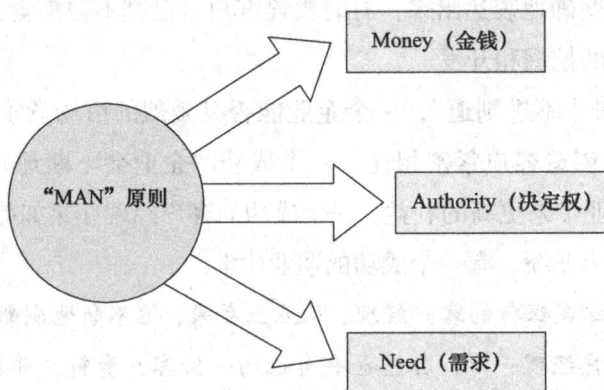

图 11-4 "MAN"原则

M：Money，即"金钱"，指所选择的客户必须要有一定的支付能力。

A：Authority，即"决定权"，即目标对象对产品要有决定购买的权利。

N：Need，即需求，即所选定的对象对产品或服务有一定的需求。

通常，我们用大写字母（M、A、N）表示所具备的条件，用相对应的小写字母（m、a、n）表示不具备的条件。客户经理首先要明确，并不是三种条件都具备了才是潜在客户，有时在客户欠缺了某一种条件（如金钱、决定权或需求）的情况下，仍然可以开发，只要应用适当的策略，便能使其成为企业的新客户，顺利地售卖产品。

以下是客户经理在寻求潜在客户的过程中可能遇到的情况。

M+A+N：是重点潜在客户，是最为理想的销售对象，开发这类型客户的成功率会很高。

M+A+n：也会有成功的希望，不需要并不代表讨厌，配以熟练的销售技巧，有成功的希望。

M+a+N：成功营销的概率很大，但要设法找到具有购买决定权的人。

m+A+N：可以接触，需调查其业务状况、信用条件等。

m+a+N、m+A+n、M+a+n：这三种情况可以接触，应长期观察、培养，使之具备其他条件。

m+a+n：非潜在客户，没必要浪费时间，停止接触。

小·提示：寻找潜在客户并不是一帆风顺的，也不可能每次找到的都是"M+A+N"型这种最理想的客户，所以客户经理要多一些耐心，多一些方法和策略，努力寻求潜在客户，开发新客户。

11.1.4　一般客户：比较难维护的客户

"千里之堤，溃于蚁穴"，在以大客户为市场导向的今天，企业也不能轻视一般客户的力量。一般客户虽然不能给企业带来巨大的利益，但在信息如此发达的今天，却也可以通过宣传不好的言论给企业以致命的打击。所以为了避免经营风险，我们要坚持"客户是上帝"的理念，不管大客户还是小客户，都应该一视同仁，平等对待。

李琦是北京 ×× 银行的客户经理，他上班的地方离一个批发市场不远，每天来银行办理业务的客户大多是这些小本买卖的老板，虽然他们办理的金额不大，但是银行的工作人员一直都耐心地为其服务着。

有一天早晨，银行刚开始营业，大厅里边就走进了不少人，几个临柜员工都在为其他客户认真地办理业务，并没有注意到有一位大爷慢吞吞地走了进来。他看着忙碌的工作人员和后面排队的人群，犹豫了一会儿，然后叹了一口气，便向门口走去。

其实，自从这位大爷走进银行大厅，李琦就注意到了，凭借多年来锻炼出的职业敏感性，他觉得老大爷一定有什么为难的事情。于是，李琦赶紧喊住了大爷，亲切地问他是否需要帮助。

经过与大爷交谈，李琦了解到原来这位大爷每天早晨在批发市场附近卖早点，时间长了家里积攒了一大包硬币，因为用起来不方便，所以想兑换成百元面值的，最近他走了好几家银行，但都以种种理由被婉拒了。今天，他也是抱着试试看的心理来到这里，没想到大厅里人这么多，而且每个柜员都挺忙，他觉得肯定没人会管他的事情，便决定离开了。

李琦听完大爷的述说后，微笑着对他说"没事，大爷，您有时间把零钱送过来，我们帮您兑换。"快到中午时，大爷拿着一袋硬币走进了银行，李琦接过后便迅速清点起来。由于中午办理业务的客户比较少，后台的柜员也加入到了清点的行列。一个小时的时间，大家便清点完毕，一共是 8627 元，当大爷接过纸币后激动得热泪盈眶，不时地对工作人员说着谢谢，最后还把这些钱存进了银行。

这件事过后，大爷逢人就夸李琦所在银行的服务，而且介绍他的亲戚朋友去这家银行办理业务。

由于客户经理与一般客户在业务上的往来不多，而且花在他们身上的时间又少，所以一般客户通常比较难以维护。但是，维护这些一般客户又是必须要做的工作，那么在这个过程中应该注意哪些问题呢？其内容如图 11-5 所示。

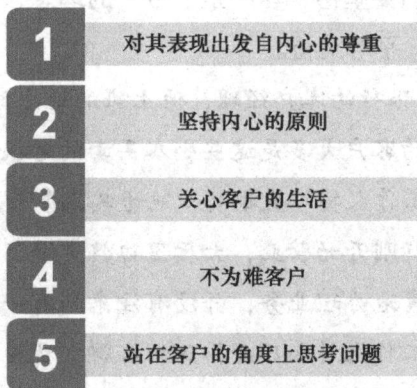

1	对其表现出发自内心的尊重
2	坚持内心的原则
3	关心客户的生活
4	不为难客户
5	站在客户的角度上思考问题

图 11-5　维护一般客户要注意的问题

1. 对其表现出发自内心的尊重

"要想别人尊重自己，首先自己得尊重别人"，每个人都需要被尊重，都需要获得别人的认同，银行客户经理不能因为对方是小客户就轻视他们。对于客户给予的合作，我们一定要心怀感激，并对客户表达出感谢。而对于客户的失误甚至过错，则要表示出宽容，而不是责备。

2. 坚持内心的原则

做事的时候要忠于自己的内心，坚持一定的原则。不能因为对方是大客户就阿谀奉承，也不能因对方是小客户而不加理睬。一个信守原则的人最终会赢得客户的尊重和信任，也愿意和我们合作，去购买产品，因为他们相信我们的人品。

3. 关心客户的生活

可以在工作之余去了解客户的日常生活，为他们做一些力所能及的事情，这样客户就会心存感激，有业务的时候会第一时间想到我们。

4. 不为难客户

小客户的钱来得不容易，所以在涉及理财的问题时他们常常表现得很谨慎。当客户有为难之处时，一定不要让客户为难。应当进行适当的让步，必要时停止产品的推销，给客户留下好的印象，为以后的合作打下基础。

5. 站在客户的角度上思考问题

这是成功营销的黄金法则，客户经理的销售要求是双赢，而不是把自己的利益建立在损害客户利益的基础上。只有这样，才能与客户建立长久稳定的关系，创造源源不断的新的利益。

> **小提示**：互联网技术的快速发展，为我们寻找小客户提供了便捷的渠道，同时银行所发布的信息传播效果更好、覆盖面更大，这一切都为银行争取小客户资源提供了方便。如果过分依赖大客户，一旦大客户流失，企业就会陷入危险的境地。所以，客户经理也要重视对一般客户的维护。

11.2 完善客户档案资料

每个企业都会建立客户档案，如果企业拥有完善、真实、客观的客户资料，那么，在激烈的市场竞争中就已经取得了先机。对企业来说，拥有一份完善的客户资料就相当于拥有了一双洞察市场的"火眼金睛"，能随时一目了然地了解客户，使企业有效地了解客户的动态，更有针对性地制定各种策略，从而提高办事效率，在市场上保持强势的竞争力。

11.2.1 记录客户历史资料

"以史为镜，可以知兴替"，我们可以从历史事件中总结出规律，得到经验和教训，从而更好地面对生活。同样，一个企业要想建立完善的客户档案资料，收集和记录客户的历史资料是一个不可缺少的环节。只有对客户的历史资料了如指掌，才能准确地分析出他们的需求，成功地达到销售的目的。

王杰是北京××银行的客户经理，从业五年，他不但发展了很多客户，而且与一些客户还成了好朋友。之所以他在事业和生活上都这么成功，是因为他有自己独特的"秘密武器"，即完善的客户资料。与一般客户经理的资料不同，他对客户的历史资料收集得非常详细。

上个月，王杰所在的银行发行了一款新的储蓄产品，这款储蓄产品主要是面向退休的老人销售的。于是，他翻阅了客户资料，把已经退休的客户名单列了出来，把他们当作目标客户。

但是，王杰觉得目标客户的数量有点少，于是便重新翻查了客户资料。第二次看的时候，他发现张先生两年前也购买过一款老年储蓄产品，他突然明白了，虽然这款产品是面向老年人的，但是不一定是由老年人亲自购买，他们的子女同样是重要的目标群体。

于是，他从客户资料中找出了所有购买过老年储蓄产品的中年客户，把他们同退休的老年人一同列入了目标群体。结果，这款产品大卖，王杰不但获得了奖金，还得到了领导的夸奖。

如果没有对客户的历史购买情况做详细的记录，王杰就不会发现中年客户竟然也是目标客户，产品的销售的情况自然也就不会理想了。

那么，客户经理该以何种方式或从哪些方面去把握客户的历史资料呢？

1. 记录与客户沟通的整个流程中的有用信息

利用计算机技术，记录整个销售过程中和客户产生联系的一切数据，并周期性地提醒客户经理去查看，以加深印象。在翻查的过程中学会过滤掉无关紧要的信息，以节约时间和精力。

2. 记录与客户交易的历史数据

与客户交易的历史数据主要是指客户经理在与客户进行业务来往的时候产生的相关信息，如产品、金额、回报等。对银行来说，这些历史的交易数据是至关重要的，分析透彻后会更准确地把握客户的需求和市场的走向。

客户的历史信息，从广义上讲，包括以下内容。

（1）关于客户最基本的资料，如客户的姓名、家庭地址、联系电话以及性格、兴趣爱好、家庭情况、毕业学校、经历背景等，这些资料是客户管理的起点和基础，需要通过客户经理对客户的访问来收集、整理归档形成。

（2）关于客户特征方面的资料，主要包括其所处地区的文化、习俗、发展潜力等。另外，还要特别关注和收集客户市场区域的政府政策动态及信息。

（3）关于竞争对手的资料，如竞争对手对客户的关注程度以及曾经做过什么样的业务。对竞争者的关系都要有各方面的比较，这样才能更好地维护已有的客户，做成订单。

（4）对客户做出客观的评价。主要包括客户的活动现状、存在的问题、未来的发展潜力、财务状况、信用状况等。

小·提示：客户数据不完整，就无法进行准确的客户分析，也就不能有效解决客户的问题。反之，在掌握完整客观的客户信息后，就能对客户的需求进行准确的分析，从而给客户提供满意的服务。

高满意度无疑将推动新一轮的销售行为，使企业的客户资源进入良性的企业价值实现过程中，不断为企业创造收益。所以，客户经理要做好客户的档案管理，尤其要重视记录客户的历史资料。

11.2.2 更新客户消费记录

世间万物都在不断地变化和发展着，达尔文的进化论指出，一切东西都是"适者生存"，而不是智者生存，也不是强者生存。所以只有与时俱进，去适应不断变化着的环境，才能很好地存活下来。

同样，现在的企业经营环境日新月异，无时无刻不在发生着变化，客户的消费习惯和消费方式也一天天地发生着变化。对客户经理来说，对客户信息实施动态化的管理，定期更新客户消费记录是一项十分重要的工作。

所谓动态管理，是指要定期对客户的档案信息进行更新，这是由客户在不断地发生着变化这一事实决定的。当今社会，客户经理必须具备"一边思考一边奔跑"的能力，在动态的环境中总结、思考、成长，从而不断地去超越自我。

对客户消费的记录信息也要实行动态管理，并进行分类整理。根据营销的运作程序，可以把客户档案资料进行分类、编号定位并活页装卷。

第一部分，客户基础资料，例如，客户背景资料，包括销售人员对客户的走访、调查的情况报告。

第二部分，客户购买产品的信誉，财务记录及付款方式等情况。

第三部分，与客户的交易状况，例如，客户产品进出货的情况登记表，实际进货、出货情况报告，每次购买产品的登记表，具体产品的型号、颜色、款式等。

第四部分，客户退赔、折价情况。例如，客户历次退赔折价情况登记表、退赔折价原因、责任鉴定表等。

以上每一大类都必须填写完整的目录并编号，以备查询和资料定位。客户档案每年分年度清理、按类装订成固定卷保存。

对银行业务来说，客户资信报告的有效期一般在 3 个月到 1 年。超出这个范围，客户经理就需要重新对客户进行调查。对客户消费档案实施动态管理还有另一个目的，即随着客户的财务、经营、人事变动情况，必须定期调整对客户的授信额度。信用管理部门的授信应该按客户协议进行，一般以年度为单位确定本期授信的有效期。当客户的基本情况发生变化，信用额度也要随之进行调整。

长期积累客户信息是至关重要的，因为只有通过完整的记录客户消费等信息，才可以看到客户的发展趋势，从而让银行更好地对客户的发展潜力进行分析。此外，历史积累数据是进行统计分析的基础，可以帮助挤掉客户财务报表的部分"水分"，提供相对准确的预测基础。总之，客户档案不是静态的，而是一个动态变化的集成过程。

11.3 档案管理工作三大原则

现阶段，企业的客户档案管理还存在着许多问题，很多企业虽然花费了大量的人力、财力、物力去做这个工作，但是有时候效果并不好。因此，如何更好地适应现代企业管理体系的要求，不断提升银行档案管理工作水平，是每一位客户经理必须要认真考虑的问题。成功没有捷径，但一定有方法，客户经理在管理客户的档案时，要遵循"随时更新、以变应变""抓两头、带中间""在分析决策中灵活运用"这三大原则，以便更好地做好客户工作。

11.3.1 随时更新、以变应变

如今，我们正处于一个日新月异的时代，各行各业无时无刻不在发生着变化，市场在变，客户也在变，所以要想追上时代的步伐，客户经理也要做出一些改变，而不是墨守成规。例如，对客户的档案实行动态管理，即把客户档案建立在已有资料的基础上进行随时更新，而不是建立在一个静态档案上，这样才能更有效地为客户提供服务。反之，就会遇到很多麻烦。

张鑫是武汉××银行的客户经理，在他从业的前三年，并没有积累多少经验，他每次与客户交流的时候总是不能准确把握客户的需求，所以业绩很一般。虽然他也建立了客户档案，但是客户的信息并不完善，而且他也不会去定期更新信息，所以工作进行得并不顺利。

有一次，张鑫在为一位老客户办理一款理财产品手续的过程中发现主机系统中客户的通信地址和手机号与客户提交的个人客户业务申请书上填写的通信地址和手机号不符，但是他却未及时在主机系统中对客户的相关信息进行更新，造成系统中客户信息不完整、不准确，形成了风险事件。

之后，一位经验丰富的客户经理告诉他，只有做到"知己知彼"，随时关注客户的基本信息变动、需求变化，加强对客户资料的收集、整理，才能在工作中有效地参考资料，使工作更加顺利。另外，也可以通过全面修订核查工作，对成长快或丢失的客户分析原因，另作观察。

在这起事件发生之后，张鑫痛定思痛，结合同事给出的建议，开始认真地建立客户档案，尤其注重客户信息的更新。之后的工作，张鑫做得越来越

好，最终成了一名优秀的客户经理。

客户经理每天要面对不同的客户，而且每个客户的信息或多或少都会发生着变化，在注重客户信息变化的同时，也要关注整个行业信息的变动，从而把握趋势，更好地掌控大局。我们可以利用以下（见图11-6）方法来获取行业内的最新信息。

1	充分利用互联网
2	利用行业的权威数据库
3	登录行业专业网站
4	参加行业内的各种活动
5	不能忽略老客户的价值

图11-6　获取行业最新信息的方法

1. 充分利用互联网

要注重在网络上搜索信息，所谓"动动你的手指，信息尽在指尖"，网络上海量的信息会给我们提供很大的方便，企业网站、新闻报道、行业评论、最新资讯等都是信息的来源。

网络搜索的优点是信息量大，覆盖面广泛，当然这种方式也有缺点，例如，准确性、可参考性不高，需要经过筛选才放心使用。

2. 利用行业的权威数据库

国家或者国际上对行业信息或者企业信息有权威的统计和分析，是可供参考的重点，这些信息对企业销售具有重要的指导作用。虽然这个渠道的数据比较专业和权威，但不容易获取。

3. 登录行业专业网站

每个行业都有专门的网站，而且不在少数，在这些网站上可以和同行交流心得，讨论问题，不断加深自己对本行业的认识，不断获得行业内最新的消息，从而提高自己的业务水平。

同行之间的交流往往更能激发自己的智慧，比较快速地增强自己的能力。但是，同行也可以理解为竞争对手，所以深层次的交流是比较少的。

4. 参加行业内的各种活动

各行各业都会举办一些活动来交流行业信息和增进同行感情以求得共同发展。参加这些活动，不但能获得有用的信息，还能开阔眼界，拓展人脉。

5. 不能忽略老客户的价值

每个客户都是不同的，但是不同的客户一定有某些相同的特征。一方面客户经理可以通过对老客户进行研究来类比到其他的客户群体上。另一方面，也可以根据同老客户的关系，获得行业内部的一些信息。通常这种渠道获取的信息更具有针对性和具体性，可参考性高，但容易带主观思想色彩。

> **小提示**：客户经理办理业务时应按照相关的规定，在主机系统中规范建立和及时更新客户信息，确保客户信息的完整、准确，便于监管部门调查和监督管理，同时使资金异动类的准风险事件能顺利通过电话银行核查成功，避免打扰客户的正常工作、生活，这样才能更好地赢得客户，使银行各项业务正常开展。

11.3.2　抓两头、带中间

"抓两头、带中间"这个原则最先运用在教育领域，意思是老师要重点对待优等生和差等生，通过做好两头的工作，带动中等生进步，以达到整个班级的学生都能获得良好发展的效果。现在，"抓两头、带中间"的方法被广泛运用到了企业的管理过程中。

"抓两头、带中间"在客户档案管理中的运用就是关注大客户和风险比较大的客户，因为大客户能给银行带来最大的利润，而风险比较大的客户则有着很大的不确定性，有可能损害银行的利益。所以要通过对这两种类型的客户进行重点管理，去增加利润和降低经营风险。

"第一头"就是对大客户的档案管理，不能停留在客户最基本的信息上，而应该坚持多渠道、多层次了解他们的情况，如他们的消费观念、消费行为、消费层次等。除此之外，还要注意对大客户的亲情化管理，在逢年过节时为他们送去节日的问候，让客户知道我们一直在关注他，从而拉近彼此的距离，获得最新信息。

任晓波是浙江一家银行的客户经理，他平时特别注重重点客户信息的收集和积累。有一天他在银行大厅碰到了之前与他合作过的客户，这位客户的公司正处于高速发展期，颇有实力，两人见面后就聊了起来。

任晓波："张总，好久不见，您来办理什么业务呢？"

客户："最近需要用钱，打算贷一笔款。"

任晓波："哦，我想起来了，您最近要建设厂房。"

客户："哦，你连这个都知道？"

任晓波："那当然了，您是我的大客户，我当然得对您上点心了。"

客户："哈哈，还是你靠谱，对了，上次你送我的茶叶不错，谢谢了。"

任晓波："您别客气，这是我的一点心意。贷款的事办得怎么样？"

客户："别提了，之前跑了几家银行，都被婉拒了，所以我今天来你们这试试运气，实在不行的话，再想其他的办法。"

任晓波："您放心，这笔钱肯定能给您贷下来，我马上和领导去商量。"

过了几天，客户就拿到了银行300万元的贷款，对于银行来说这个业务并不是很大，但对客户来说却是雪中送炭。在随后的几年里，这位客户的公司已经成为当地的知名企业，而客户也与任晓波所在的银行建立了长期的合作关系。

之后，任晓波在和同事交流经验的过程中谈道："对于之前服务过的大客户的动态要保持持续的关注，做好相关的档案记录，对客户的需要保持敏感，真正做到'急人之所急，需人之所需'，诚心实意地为客户提供服务，或许我们的服务是很小的，但是对于客户来说，犹如雪中送炭，这样就会赢得客户的感激，最终得到忠诚的客户。"

"第二头"就是对风险性大的客户的档案管理。这类型客户一般有这样一些共同的特征：企业的经营状况差、欠账数额较大、信誉度下降、资金周转不灵、面临破产倒闭等。

客户经理要随时了解这类客户的经营动态，做好相关的记录，确保档案信息的准确性、时效性，并不定期访问调查，不定时提醒业务经理、业务员客户当前的状况，尽可能地降低风险。

宋智龙是天津某银行的客户经理，每次在与客户谈业务之前，他都会对对方进行详细的调查，以确定是否符合合作的条件。同时，为方便以后的工作，他还把这些客户的资料记录归档。他最引以为豪的就是专门有一个记录风险性大的客户的本子，凭借这个本子，他不但取得好的业绩，还帮同事小张避免了风险。

宋智龙："小张，见大客户了？看你多高兴。"

小张："不愧是我师父，什么事情都瞒不过您。这几天在和一位大客户谈一笔贷款业务，数额挺大的，要是谈成了，我的业绩就上去了。"

宋智龙："哦，这样啊，是哪个客户啊？需要这么多钱。"

小张："就是××公司的王老板。"

宋智龙："我知道了，这单子恐怕你不能做了。前一段时间他还和我说要经我的手贷一笔款，开始我同意了，毕竟他的公司看起来还是挺有实力的。但是，在我对他们公司的账目进行调查时，发现这家公司欠了很多账，而且被许多同行列入了黑名单，所以最后没帮他贷款，并把他列为风险客户。没想到他又找上了你，你可要慎重啊。"

小张："听您这么一说，吓得我出了一身冷汗，趁着协议还没达成，我得赶快抽身了，多亏有您，否则银行就遭受损失了。"

宋智龙："你也可以建立一个风险客户的档案，这样以后就会多一些经验，避免没必要的损失。"

小张："好，听师父的。"

对于客户经理来说，"抓两头，带中间"具体该怎么做呢？

（1）对大客户和风险大的客户进行特别的关照。在非上班时间多去接触这两类客户，以获得最新的信息，进而有针对性地开展工作。

（2）不仅要关心业务上的问题，还应该关注客户生活的问题。

（3）与他们交朋友。走进他们的内心，了解他们真正的想法。

（4）多总结，多记录。要写反思、写总结，只有这样才会形成科学的管理体系，客户管理效果才会明显。必要时建立各种数据图，对客户情况要记录，及时分析，及时调整策略和措施。

11.3.3　在分析决策中灵活运用

同样的资料，不一样的分析，最终的结果也是不一样的。客户的资料只是记录着事实，这些事实固然重要，但是最重要的是能透过事实分析出其本质，这样才能更好地做出决策。所以，客户经理要注意在分析决策中灵活运用客户的档案资料，而不是"照本宣科"。

王一飞是武汉某银行的客户经理，同大多数的客户经理一样，他也有属于自己的客户档案，虽然表面上看起来他记录的档案很平常，但是，他总能灵活运用这些资料，做出正确的决策。

有一天，前台业务员接待了一位办理取款业务的客户。王一飞觉得这位客户很面熟，就特别留意了一下他的名字，然后他回自己的办公室去查客户资料，根据姓氏顺序，没几分钟他就找到了这位客户的信息。原来这位客户是外地人，自己经营着几家公司，经常要到武汉谈业务。这时候王一飞萌生了一个想法，便急忙跑出办公室，来到大厅和这位客户聊了起来。

王一飞："刘老板，有一段时间没见到您了，最近挺忙的吧？"

客户："还行，出差的时候比较多。"

王一飞："哦，经常出差确实比较累，您平时多注意休息。"

客户："唉，没办法，公司刚步入正轨，必须得上心啊。"

王一飞："您事业做得好利润自然多，如果再有一份合理的理财计划，那您的财富就越积越多了。"

客户："哦？你有什么好的建议吗？"

王一飞："是这样的，根据您的实际情况我们为您推荐贵宾卡和双利理财这款产品，购买了这款产品后您就是我行的 VIP 客户，在办理业务的时候会有极大的方便，最重要的是这款产品安全性好，收益也高，期限又短，提取本金的时候也方便，这样的话比您把钱放在卡里划算多了。"

客户："我在好几个银行都办理过业务，这么好的理财也从没人给我说过，你们真的是做到了为客户着想啊，我们现在就办理手续吧。"

半个月之后，当客户来领取贵宾卡时，王一飞仔细询问了他的理财需求并做了详细的记录。在这之后，每当有新的理财产品或基金发行时，王一飞都会用短信或电话的方式告知该客户。在他的营销下，这位客户先后购买了十余款理财产品，并在银行存了 800 多万元，而且还与王一飞成了好朋友。

> **小提示**：客户经理要不断地完善客户档案，而且不能把建立好的档案束之高阁，平时应该多翻查，对客户信息有个大致的了解，这样在需要的时候才能不慌不忙。同时要注重提高客户资料的有效性和利用率，做好客户服务品质提升和客户关系维护的基础工作，这样才能加强与客户的联系，取得客户的信任。

第 12 章
风险防范与管理

客户经理不能简单地把产品推销给客户，还要对其中的风险进行管理。对于客户的理财业务，需要给客户做好风险评估，并按照客户的风险承受能力推荐产品。在推销信贷业务的时候，要对借贷人做好风险防控，看其是否具备承担风险的能力。

12.1 个人理财业务的风险管理

在对客户的理财业务进行风险管理的时候，首先应该对客户做出风险评估，并根据评估结果，向其推荐合适的产品，当市场出现变化的时候，要在第一时间通知客户，并实事求是地把信息通知给客户。

12.1.1 对客户进行风险评估

做好理财业务的风险管理，第一步就是对客户进行风险评估。风险评估是指在事情还没有发生之前，就对该事件可能产生的影响和后果做一个合理的评价和估计。那么如何对客户进行风险评估呢？其做法如下所示。

1. 评分卡

评分卡总分 100 分，及格分 60 分就能开展业务。而且评分卡针对的是500 万元以下的信贷业务，这些业务的对象全部是小企业。而且根据银行产品的不同，评分的侧重点也有所不同。一般情况下，客户的信用情况包括财产、信用记录以及与本行的合作情况等。如果涉及抵押贷款，客户经理还要评估抵押物情况，包括抵押率、变现能力、押品位置等。

另外，有些专门的产品还需要分析账户行为，包括结算量和日均存款。

还有些产品需要分析客户的纳税情况、POS 机结算情况等。总之，每个产品的关注点不同，打分结果也不同。

2. 评级系统

每个银行有各自的评级规定，例如，某行的评级总共 19 级，大、中、小型企业均可以得到相应的评级结果。评级由总行建立的系统模型进行分析，分析内容包括地域、行业、财务情况、信用情况、账户行为等，以上内容都是考评的范围。其中，最影响评级结果的是财务指标分值，资产负债率和收入增长情况也很重要，经营环境分值、经营状况分值、实际控制人实力和账户行为分值相对比重较低。

银行的评级系统会根据打分情况计算出客户的违约概率和风险限额，风险限额减去现有信贷余额就是该客户最大新增授信额度，一般还是要在最大值以下来控制风险。

> **小·提示**：评分卡和评级系统只是工具，对银行评估风险起着辅助作用。客户经理在对客户进行风险评估时，最主要的还是要靠上门调查，客户经理、信贷经理和风险经理要各司其职，要上门调查企业经营情况，与企业实际控制人交谈了解客户公司未来的发展前景，查看销售合同以及各类单据。最后，还要定义这个公司适不适合开展信贷，以及能够开展多少信贷金额。

12.1.2 依据客户的风险等级推荐产品

在对客户的风险等级进行评定之后，就会对客户的风险承受能力有一个判定，这个时候再向客户推荐相同等级的产品，才会使客户承受的风险达到最低。

早在 2011 年，银监会就发布了一份关于银行向投资者进行适当性制度的建议——《商业银行理财产品销售管理办法》，这个报告指出，任何中介机构在向客户推荐产品的时候，都应该根据客户的适当性，考虑客户的投资知识、投资经验、投资目标、财务状况等风险等级情况，从而使理财产品更适合客户。

　　但是在了解了客户和产品之后，如何使二者进行更合适的匹配，也是客户经理需要解决的难点。毕竟客户经理面临的客户有千千万万种，而每位客户所属的风险等级都是不一样的。有的客户属于保守型，这类客户希望自己的投资遇到最少的风险，并且希望自己的钱能安稳地日复一日地增长。有的客户属于稳健型，他们愿意做一些投资，为自己赢得更好的生活。还有的客户属于进取型，他们敢于投资，并能承担较大的风险。

　　保守型的客户一般在五十岁及以上的年龄段内。他们更愿意把钱存到银行里，安安稳稳地一天天地增长，利息虽然不多，但对他们来说却是笔很大的财富。到一定时间后把本息取出来再存入本金，自己就可以获得那一笔利息了。这类客户往往愿意拿一小笔钱养老，生活俭朴。

　　客户经理在接待保守型的客户的时候，可为他们提供存款、国家债券等服务。保守型客户不会简单地接受别人的意见，因此，客户经理在说服他们时如果不带任何过渡就直接进入主题，会使客户更加坚持自己的想法，就会使以后的说服工作更难展开。

　　而这个时候，客户经理就可以从与说服主题关系不大的事情说起，用平和的态度与客户交谈。这样，客户一开始就会说"是"。客户经理要尽量不让客户说"不"，以免他们又折回到原有的观点上。

　　客户经理要尽可能启发保守型客户说"是"，用"是"的效应来使他们接受自己的影响。通常，我们为了维护尊严，维护自己的统一性，不会先肯定，再去否定自己说过的话。因为，我们都不愿意成为一个出尔反尔的人。

　　保守型客户往往带有偏见。其产生原因是对客观事物理解得不全面或不深刻。客户经理如果能够做到以理服人，分析清楚客户所没有认识到的另一面，并有条有理地表达出来，就不难说服客户了。

　　另外，保守型客户往往重视权威意见，有时候他们会借权威意见来反抗别人。针对保守型客户的这种心理，客户经理可以引用权威的话来达到说服目的。

　　还有就是，不要企图很快地说服保守型客户，因为你越想马上说服他们，他们就会越加保守，适得其反。如果客户经理将客户的所有理由都反驳了，会使情况变得很糟，客户就有可能向客户经理发脾气，弄得生意没谈成，和这些客户合作的机会也随之烟消云散。

此时，客户经理可以做的是，尽量接受客户说的事，尤其要听一听他们的理由，并适当地点头，客户知道你在听他们的观点后，便更愿意听你的观点了。作为客户经理需要有一个很好的肚量，能接受一切事物但能在恰当的时候说出自己的观点，说服他人。在双方都对产品的风险及收益的变动情况十分清楚的前提下，想化解彼此之间的误会就很容易了。并且，市场上总会出现变故，这是人所控制不了的，因为市场遵循着一定的规律。

李先生购买理财产品时发生了一些金融危机，形势紧急，谁也无法控制局面，社会经济迅速下滑。

所以，李先生购买的理财产品就在很短的时间内贬值得非常厉害，在不到9个月的时间里，李先生的投资就给他带来了巨大的损失，投资的资金缩水得厉害。

但是，遇到这样的紧急情况，银行的客户经理并没有给李先生一点提示，没有告诉他这类理财产品所附带的金融风险性很大，也没有让他提前做好防范准备，以致李先生的损失越来越大，直至李先生自己先发现。

遇到像金融危机这样大的市场变动，客户经理一定要及时准确地通知客户，告诉他们现有的情况及可能的风险，不要隐瞒，或假装乐观，使客户损失太多的经济效益，这样不但没能帮客户赚钱，反而使客户赔钱。

告诉客户办理相关理财产品的优点、收益和风险是客户规避风险或将风险降至最低的一条渠道。客户并不总是在留意着自己的投资的动向和市场的变化，因此，作为客户经理，必须要及时将情况反映给客户，以使客户做好准备。这样以后与客户的合作机会也会更多。客户也会更放心地把自己的钱放到你的手中。

客户与客户经理之间的信任是在以前的交易基础上慢慢形成的。良好的信任关系要求信息的公开。如果客户经理总能及时准确地向客户反映理财情况，不对客户的损失加以隐瞒，会挽回更多客户的经济利益，也有可能为自己带来大宗的业务。

此外，银行也应该制定一定的投资流程，以确保客户在进行投资的时候能够考虑到所有的适当性因素。如果只考虑客户对风险的态度，而不让客户了解其他情况，这种做法就缺乏客户需求和财务状况等方面的考虑，是不妥当的做法。

在英国的实践中，有很多投资公司会依赖自动化的资产配置工具来为客户和产品进行匹配，这样的做法可以作为起点，但是只能作为适当性流程中的一部分。因为这些工具往往会存在着一些局限性，有极大的可能性使产品和客户搭配出错。

在使用这种工具的时候，应该制定健全的制度管理和控制措施，以减少工具的局限性，并使得客户通过这种工具能够为自己匹配出合适的产品。

当然，自动化工具还是可以带来一定的方便之处的，其可以按照一定标准实现初步资产标配，但是客户经理需要再根据客户的具体情况来调整结果，那么配置出的产品就需要进一步得到批准。这种做法是比较合理的，能够考虑到每一个客户的最佳利益。

> 💡 **小提示**：当客户的需求和客户经理的评定出现一定冲突时，客户经理应该和客户进行细致的讨论。客户经理应该提醒客户注意理财产品与其投资的财务状况、风险容忍度和承担的损失能力等不匹配的情形。

当客户选择高于其风险承受能力的产品时应该注意，客户如果不具备高风险投资策略的能力，就要向客户解释清楚这种需求可能无法实现，如果客户愿意承担更高的本金损失并且愿意承担高风险以获得高回报，就需要记录清楚这些内容。

12.1.3　信息披露要实事求是

在近几年，商业银行的理财业务发展比较迅速，产品的设计手段、营销方式和投资管理都得到了不断创新，但是同时也暴露了一些问题，甚至出现误导销售和错误销售的做法，使得客户的合法权益和银行的声誉都受到了损害。因此，把信息实事求是地完全披露给客户非常有必要。

《商业银行理财产品销售管理办法》曾做过明确规定，要求商业银行必须在理财产品的销售文件中搭配专业风险揭示书，书中的内容至少要包括风险提示语句、产品类型、风险评级等多项内容。此外，还需要搭配专业的客户权益须知，内容需要有理财产品业务流程、客户风险评估流程、商业银行信息披露的方式等。

《商业银行理财产品销售管理办法》中规定，理财类产品销售文件应该向客户注明投资范围、投资的资产种类和投资比例，并且确保在理财产品存续期间继续按照文件进行上下浮动。商业银行还需要根据市场变化等情况调整投资的范围和品种、比例，并将这一事实告知客户，如果客户不能接受，就提前赎回理财产品。另外，还需要让客户知道银行收取的销售费、托管费以及投资管理费等各项收费标准和收费方式，如果是销售文件上没有注明的收费项目，就不得向客户收取。

💡 **小·提示**：当然，要想披露的信息是实事求是的，在一定程度上就要求理财产品应该遵守风险匹配的原则。这是出于两方面的原因，一方面是保护客户的合法权益，另一方面是为了防止误导销售和错误销售的行为，要将合适的产品卖给合适的客户。

向客户披露实事求是的信息需要包括 4 个标准：真实性、完整性、准确性、及时性。真实性就是指客户经理披露给客户的信息要与客观情况相符合，真实性一般都是可以得到验证的。完整性就是对可能产生影响的信息进行全面披露，不仅要向客户披露有利信息，也要披露风险因素，不能有所遗漏。准确性就是指给客户的信息必须采用精准不含糊的语言来表达，不能模棱两可，让人产生误解。在对公开披露的信息准确性的理解上，应该以一般的投资者的判读能力为标准。除此之外，一旦发生什么最新情况，客户经理都需要缩短时间差，及时地告知客户情况，使其做出选择。

12.1.4　市场变化时对客户进行风险提示

为了能够让客户在市场变化时尽可能地减少损失或者是做好应对准备，客户经理有责任在理财产品市场产生变化的时候，对客户进行风险提示，并且提示要及时，不能等到成为定局之后再去提醒客户。

部分银行的客户经理在进行营销的时候，对客户的风险提示做得不够实在，具体表现在披露给客户的信息不充分、不完整，客户对此并没有真正明白，还有一些个别的从业人员的素质不高，对理财产品没有吃透，风险意识也不足，因此更不能对客户做好风险提示。还有个别人员为了自身的利益，进行误导性的宣传，从而使得对客户的风险提示远远不够。

💡 **小·提示：** 对客户的风险提示工作做得更到位也是银行网点发展方式进行转变的需要，因此，客户经理应该根据理财产品的特点来选择目标客户，进行重点营销，向他们推荐有关理财的相关产品，并且主动提示风险，提醒客户认真阅读《风险提示函》。

客户经理为了能够提供给客户充足、清晰、准确的风险提示，向客户提供的所有可能会产生影响的内容以及对客户的投资情况的判定都应该按照《商业银行个人理财业务管理暂行办法》中的规定进行，最好能够使用通俗易懂的语言和案例，使得客户对各种风险有进一步的认识。

而客户购买的理财产品出现重大变化之后，要及时联系客户对这种变化进行清楚、详细的介绍，并对客户的收益结果做出一定推断，让客户自己选择下一步的决策，客户经理应该站在第三方公正的角度，不能对客户有所隐瞒，更不能故意拖延时间向客户告知风险使其受到损失。

12.2 信贷业务的风险防控

客户经理不仅需要对理财业务进行风险管理，还需要对信贷业务做出风险防控，包括提前了解相关法律、法规以及公司的信贷管理制度，贷前深入调查借款人，评估抵押物变现能否抵偿贷款本息，实行贷款管理责任制，贷后定期检查资金使用情况等内容。

12.2.1 了解相关法律、法规及公司信贷管理制度

作为客户经理，需要了解国家关于信贷的法律法规，保证借贷合法、信用维护正常以及保障借贷人合法权益，以保证信贷体系正常运转。同时，客户经理作为国家公民，必须依照相应的法律法规来实现银行的权利，维护银行的利益，并依照相关法律来规范自己的信贷行为。

客户经理还需要依照我国相关法律对信贷加以监督，并且要根据银行的

情况及依靠社会现状制定的一系列办法和规定行事。

既然国家在信贷上做了规范，在借贷前，银行客户经理对此一定要充分了解，以免走上偏离法律的轨道，给银行和社会带来巨大损失。

有一家公司，因规模小、收益低而向银行借贷。银行信贷员在调查过该公司的一些具体情况后，出具了不予贷款意见，而该银行的调查员也给出了相似意见，不同意银行进行贷款。但由于该行的行长考虑到该公司是用房产契做抵押的，并考虑到各方面的关系，想争取更多的结算户，便同意借贷，数额为 500 万元。

但因为经营不善，该公司到期无力偿还贷款，便向银行申请转贷，银行四处催收未果，该公司最终倒闭，这笔贷款终成次级贷款。这次贷款行为从一开始就充满着错误，银行的调查员以及信贷员均出具证明认为此贷款不符合要求，该公司将无力偿还贷款，并且这对银行也没有好处。

所以，在审核清楚之后，如果不符合相应的法律法规及银行的章程，客户经理有权拒绝此次贷款。并且，银行客户经理有权利也有义务向银行提出意见，让银行拒绝贷款。

在遇到这样的客户时，客户经理有权进行全盘调查。在银行贷款给客户后，客户经理应及时与客户商谈，找到最有效的解决公司问题的办法，帮助客户的公司步入正轨。

但是，客户经理必须遵照相应的法律法规，走合法的渠道以帮助客户解决问题。在发生一些客户经理无法解决的金融问题时，譬如破产，客户经理可以按照相关的法律程序给予客户帮助。

12.2.2 贷前深入调查借款人

在办贷款业务前必须了解贷款人的借款意向，全面分析借款人的还款能力，然后申请放款。借款人可能有意愿借大笔数额的贷款，但还款能力却赶不上应有的还款能力，造成次级贷款，这会给银行带来很多损失。这时就要看客户经理对贷款人的还款能力的分析了。

分析贷款人的贷款条件，要从以下（见图 12-1）4 个方面入手。

一	了解贷款人的实际经营情况
二	了解客户所在行业的情况
三	了解客户公司与其相邻公司或其下属公司的关系
四	综合各种信息，对贷款人进行风险评估

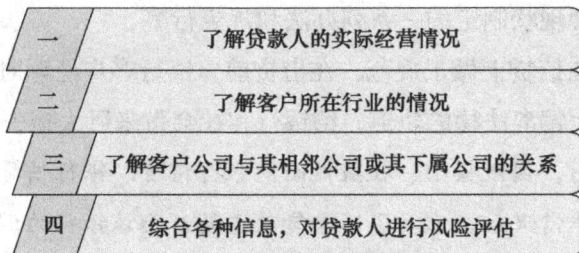

图 12-1　分析贷款条件需着手的 4 个方面

1. 了解贷款人的实际经营情况

从客户的实际经营情况可以看出贷款人的实际偿还能力，客户经理可以凭此决定是否为贷款人申请放款。

2. 了解客户所在行业的情况

客户所在行业是否属于国家已经限制的行业，譬如高污染、高消耗类行业。客户经理了解贷款公司所属行业会帮助他有效地决定是否向银行为贷款人申请贷款。客户经理应积极向银行申请贷款给高新产业，以促进新能源、新技术的发展。

3. 了解客户公司与其相邻公司或其下属公司的关系

如果客户经理了解到下属公司经营有善，发展良好，他可以毫不犹豫地向银行申请放款给其所属总公司，以促使其发展壮大，增加公司和银行双方的收益。

4. 综合各种信息，对贷款人进行风险评估

客户经理需要调查借款人的信用状况，从旁人那里了解更多更全面的借款人信息，并借此把借贷风险降至最低。

根据以上信息，可以断定银行是否该借此笔款项给借贷人。如果客户经理查明借贷人不符合借贷要求，但银行方面还是准此贷款，那么银行就会多一笔次级贷款，多一份负累。

12.2.3　评估抵押物变现能否抵偿贷款本息

客户经理需要了解借款人在借贷时可能提供的各种各样的抵押物。在对这些抵押物能否偿还该贷款人的贷款进行评估时，客户经理要考虑到当抵押物变现时其变现价值是否与贷款数额相符，并且是否足够偿还利息。

一般情况下，抵押物有房产、资产、土地。而评估方法有市场法、收益法及成本法。市场法，即利用市场中近期相同或类似的产品交易价格，经过比较或类比进行总价值估算。客户经理可采用其中任何一种估算方法对抵押的资产进行估算。

> **小·提示**：在银行借贷中，客户经理估测资产是否能够偿还贷款，是必不可少的环节。前文中小公司的案例表明了该公司没有偿还能力，其资产不足以抵押借贷数额，因而客户经理在借贷前对客户的资产进行审计，防止银行由此而蒙受损失是十分必要的。

对抵押物进行评估，要做到以下几点。

1. 做好贷前"三查"

要严格执行贷前"三查"（见图 12-2）制度，并且采取科学方法进行风险和预警调查，特别是要在贷前进行有针对性的租赁权专项调查，并做好相关调查笔录。

图 12-2　贷前"三查"

在调查过程中，一定要确定在没有贷款前抵押人或法人的法定代表人或代理人是否签订租赁合同，确保他们为此签署《保证书》，并明确指出虚假陈述将承担的法律后果，为将来实施防范风险措施、追究责任准备证据。

2. 及时上报虚假信息

对贷前租赁做出的虚假陈述，经查证核实，认定其以非法占有为目的，采用虚构事实、隐瞒真相的方法，诈骗银行的贷款行为，构成贷款诈骗罪时，要及时向公安机关提起刑事控诉，请求公安机关立案侦查，追究刑事责任。

3.采取法律手段维权

对于贷后签订租赁合同的，在代表银行行使抵押权时，应该先与承租人协商，协商不成，可起诉抵押人与承租人，请求法院确定其合同超过抵押期限的部分无效，判决确定赔偿责任人及金额，避免承租人与银行的直接对抗与冲突。以法院判决对抗抵销其租赁权，保障银行抵押权的实现。

另外，在遇到倒签合同的情况时，应及时收集证人、证言以及相关视听资料，揭露客户的违法真相，确定实际承租的时间，起诉至法院确认其倒签的合同无效；如果客户经理查明是抵押人与承租人合谋逃债的，承租人则构成诈骗罪共犯，只有承租人面临刑事追究时，才可能会洗清罪名，说出真相，放弃租赁权的对抗，扫清抵押权实现的障碍。

12.2.4 实行贷款管理责任制

客户经理需了解贷款管理责任制。贷款管理责任制是一种选择一个贷款管理责任人，由责任人负责管理、收回贷款，并由责任人对贷款损失负一定责任的制度。这一制度明确了贷款责任人的权利与职责，减小了银行所需承担的风险。

如果客户公司找到了一个贷款责任人，该责任人就会给此公司提一些实用的意见和建议，以改善该公司的发展，从而可能避免公司倒闭的命运。如果最终还是由于一些问题公司倒闭，客户经理可代银行找到该负责人，要求一定的赔偿。

贷款负责人的选择可以视情况而定，自己选择对哪家公司的贷款负责。银行通过这一办法，降低了风险。但如果贷款负责人也对该公司的经营状况无能为力，这时就需要客户经理出面帮忙进行解决。

在客户经理的帮助下，客户公司的经营有所起色时，客户经理可以与该公司的贷款负责人及该公司的相关负责人进行协商，商讨进一步的业务发展问题，或者向他们推荐自己银行最近推出的新产品，以满足公司日后发展的需要。

12.2.5 贷后定期检查资金使用情况

贷后定期检查资金使用情况也是一种信贷监督。主要方法有：借款人或借款单位要定期向银行汇报情况；银行监管各项款项；借款人或借款单位要定期填写相关表格；借款人或借款单位需按要求在银行开立专户；银行将借款人或借款单位的贷款放进专立户头。

通过以上几种方法即时监督贷款流向及贷款收回情况，银行可以明确资金转向，及时对未来资金流向做出规划。在前文小公司的案例中，如果客户经理对银行的贷款流向进行了监控，一旦发现贷款将很难收回来，便申请立即撤回部分贷款，恐怕还能挽回损失，不至于形成次级贷款。

💡 **小·提示**：客户经理要经常性地对银行发放贷款的公司进行贷后检查，及时跟进其经营状况变化，确保贷款使用正确。并且，要充分利用现代化证据收集工具，收集固定视听资料，掌握一切影响贷款安全的风险。

若发现贷后将其抵押资产进行租赁的，要及时制止，要书面告知承租人其资产抵押情况及抵押物租赁的合同效力，告知抵押物租赁不得超过抵押期限的法律规定，为银行将来行使抵押权、收回贷款提供便利。

若发现贷前租赁，可要求抵押人停止其降低抵押价值的租赁行为，督促客户当面签订中止或者重新签订不长于抵押期限的《租赁合同》，提供与减少价值相当的担保。否则，应立即提请银行，请求银行停止发放余下贷款，提前收回贷款。

第13章
处理银行坏账

无论银行如何小心，坏账一般都是避免不了的。但是银行坏账太多，必定对银行造成一定影响。因此，当银行出现坏账的时候应该立刻着手去处理。本章主要介绍了银行坏账的三大类型，以及具体处理银行坏账的方法。

13.1 明确银行坏账三大类型

银行坏账根据一定判定条件可以分为三大类型，即逾期贷款、呆滞贷款和呆账贷款，本节主要介绍了这3种银行坏账的成因以及具体处理办法。

13.1.1 逾期贷款

作为一家银行的客户经理，你需要了解逾期贷款。逾期贷款，是指借款合同约定到期未归还的贷款。根据《中华人民共和国合同法》的规定，贷款人未按照约定的期限返还借款的，应当按照约定或者国家有关规定支付逾期利息。

客户经理需要了解逾期贷款利息的两种主要计算方式：一是按合同期内利率约定计收，二是按照人民银行的有关规定计算利息计收。

客户经理有时需要根据逾期贷款利息的计算方式计算出该收回的利息，并尽力追回利息，为银行的经济利益提供一份保证。

案例一：

2010年，某房地产开发公司向被告张先生出售某商城第001号房屋，并与被告签订《商品房屋买卖合同》。据合同约定：被告张先生购买此房屋可采用银行按揭付款方式购买。当时，张先生选择的贷款银行是北京银行。

合同还规定，在房地产公司承担担保责任期间，被告张先生如果3个月或累计3个月未能按期偿还贷款本息，该房地产公司有权解除合同，并收回房屋，还要从原告所交房款中扣除向银行垫付的月供款。

在《商品房屋买卖合同》签订后，被告张先生并未按期向北京银行偿还借款本息，且累计已经超过3个月。

为此，北京银行将原告房地产开发公司、被告张先生一并诉至法院。诉讼期间，原告房地产开发公司替被告张先生结清了截至2016年12月前欠北京银行的贷款本息和垫付其他费用。另外，2016年12月，原告房地产开发公司通过邮局专递向被告张先生所提供的送达地址寄送了解除商品房买卖合同的通知，告知被告解除《商品房屋买卖合同》，收回出售给原告的房屋，归原告所有。

被告张先生于第二日收到原告房地产开发公司的解除通知。此后，原告房地产开发公司诉至法院，请求确认其与被告签订的《商品房屋买卖合同》于2016年12月解除，并判决某商城第001号房屋归原告所有。

但是，据法律依据判断，原告的该诉讼不符合相关法律规定，原告无权因为被告逾期未偿还贷款而剥夺其对房屋的所有权，收回房屋。客户经理在确认原告已结清月供款，而且被告也付清逾期未付的房屋贷款后，帮被告赢回了房屋的所有权。

案例二：

2014年10月，甲与银行签订了《购房抵押贷款合同》，约定由银行向甲如期发放贷款50万元，并以甲在北京所购的某房产作为抵押。作为中介的某房屋中介公司与银行签订了《合作开展二手楼宇抵押贷款业务协议书》，约定凡由该房屋中介公司介绍的客户，出现连续逾期3期不能供款时，由房屋中介公司承担房屋回购责任。

银行依据合同约定如期发放贷款后，甲由于生意失败，资金出现了问题，连续逾期3期。于是，银行向法院提起诉讼，要求与甲解除《购房抵押贷款合同》，提前收回贷款，并确认房屋中介公司对抵押的房产享有优先受偿权，并由房地产公司承担回购责任。

但最终法院仅支持了银行解除《购房抵押贷款合同》和提前收回贷款这

两项诉讼请求，却驳回了由房地产公司承担房屋回购责任的请求，仅判决房地产公司在甲不能清偿部分二分之一的范围内承担清偿责任。法院判定的理由是，回购责任的承担涉及购物所有权的转移，所以，银行与房地产公司的约定必须征得所有权人的同意，这项回购保证才能成立。

由于银行无法提供相关证据证实，在其与房地产公司签订回购责任约定前，已经征得房产所有权人甲的同意，因此银行与该房地产公司之间关于回购责任的约定无效。所以，法院根据《中华人民共和国担保法》及其司法解释的有关规定判决如上，所以，银行不得不吃"哑巴亏"。

客户经理需要熟知相关逾期还款案例，以便在办理相关业务时，能更好地维护好自身以及银行的利益。

13.1.2　呆滞贷款

客户经理也需要了解呆滞贷款。呆滞贷款指逾期并超过规定年限以上仍未归还的贷款，或虽未逾期或逾期不满规定年限但生产经营已终止、项目已停建的贷款。

可以就贷款呆滞情况进行审核，其审核步骤如下所示。

步骤一：检查呆滞贷款划转是否及时，账、据、表、卡是否相符。

步骤二：认定是否准确，查明业务形成原因，确定没有将不属于呆滞贷款的划为呆滞贷款。

步骤三：查明呆滞贷款债务是否落实，以及是否存在一些应落实而未落实或虚假落实的问题。

步骤四：查明借款单位是否制订了还款计划，以及还款计划是否真实，偿还贷款的资金来源是否可靠等问题。

步骤五：查明对应收回的呆滞贷款是否按计划如数按时收回，有无虚假收回等问题。

步骤六：对需要重新落实呆滞贷款债务的贷款借据，要检查借据内容是否完整和是否具有法律效力，以及是否办理了担保和抵押手续，担保人（单位）是否符合条件。

2017年，某审计局在对某农村信用社审计时发现，该行的信用社贷款质量存在严重问题。例如，某信用社于 2014 年 6 月 12 日和 2014 年 6 月 17 日连续与某学校签订了两份抵押担保贷款合同，共发放贷款 2600 万元，每笔均为 1300 万元，借款期限分别为 5 年和 8 年，两笔贷款的抵押人都是该学校。

在上述案例中，学校让抵押物重复抵押，审计局在检查信贷资产管理档案中，也未见抵押物品清单。该农村信用社这种贷款手续不完备，致使该笔贷款不能按时收息，仅 2016 年度该学校应缴未缴贷款利息就高达数万元。该信用社又于 2015 年 6 月将这两笔贷款转入了呆滞贷款，给国家造成了不应有的损失。

> **小·提示**：客户经理要严把信贷关，在遇到呆滞贷款时要警惕其中是否有误。当遇到重复抵押同一抵押物的情况时，要向银行申明，讲清情况，再同客户交流，商谈解决办法。

13.1.3 呆账贷款

客户经理还需要了解银行坏账 3 种类型中的最后一种——呆账贷款。呆账贷款是逾期且可以全额计提坏账、逾期超过三年的可以按呆账贷款处理的贷款。

作为客户经理，你还需要了解呆账贷款经常出现的几种情况。

（1）借款人和担保人被依法宣告破产，进行清偿后，未能还清的贷款。

（2）借款人死亡或者依照《中华人民共和国民法通则》的规定，宣告失踪或死亡，以其财产或遗产清偿后，未能还清的贷款。

（3）借款人遭到重大自然灾害或意外事故，损失巨大且不能获得补偿，确实无力偿还的部分或全部贷款，或者以保险清偿后，未能还清的贷款。

（4）贷款人依法处置贷款抵押物、质押物所得价款不足以补偿抵押、质押贷款的部分。

（5）贷款本金逾期两年，贷款人向法院申请诉讼，经法院裁判后仍不能收回的贷款。

（6）对不符合前款规定的条件，但经有关部门认定，借款人或担保人事实上已经破产、被撤销、解散在三年以上，进行清偿后，仍未能还清的贷款。

（7）借款人触犯刑律，依法受到制裁时，处理的财产不足归还所欠贷款，又无另外债务承担者，确认无法收回的贷款。

（8）其他经国家税务总局批准核销的贷款。

13.2 常见的坏账处理三大方式

对于逾期贷款、呆滞贷款、呆账贷款 3 种银行坏账，常见的处理办法有 3 种，分别是卖抵押物或找担保人偿还、使用压缩式盘活方法、通过 AMC（Asset Management Companies，资产管理公司）接收银行不良资产，本节主要从这 3 个方面来介绍，具体处理坏账的办法。

13.2.1 卖抵押物或找担保人偿还

卖抵押物或找担保人偿还是银行比较传统的坏账处理方式，当企业在规定期限内没有及时还清贷款时，就可以用这种方式进行处理，但是在处理的过程中也要注意一些具体事项。

当企业的贷款出现逾期之后，借贷人在银行的记录上就会出现污点，需要支付高额的违约金，若抵押人无力偿还或者是以种种原因没有办法找到抵押人，银行就可以卖抵押物来充当贷款。若贷款人的抵押物仍不能还清贷款，就可以向担保人发起通知，要求担保人偿还债务。

例如，一家企业向银行抵押了 100 万元的房产，那么银行就只能给企业提供 70 万元的贷款。如果银行发放给企业的贷款不能收回，银行就会处置企业抵押的房产来收回现金。

当出现坏账后，银行会优先考虑处置抵押物，当抵押物也不能偿清时，银行再要求担保人偿还，这里是有一个先后顺序的。除此之外，国家禁止以物抵还贷款，银行只能在实物拍卖之后，用拍卖所得资金抵销债务。

13.2.2 使用压缩式盘活方法

和卖抵押物或者找担保人偿还不同，使用压缩式盘活方法则是银行对企业的进一步"妥协"，如果企业还有一定的发展空间，可以通过一定资金正常运行，那么银行就可以采取压缩式的盘活方法帮助企业归还贷款。

这种处理坏账的方式需要靠银行对企业进行准确的判断，如果一个企业逾期没有办法及时还款，但是发展空间仍然很广阔，银行就可以先向企业提供一部分流动资金，支持企业的正常运转，以借新还旧的方式一点点地收回资金。

例如，四川某化工有限公司本来是一个经营稳健的企业，后来遭遇行业低谷，面临着资金断链的风险。当地银行对这个企业做出了判断，觉得公司潜力不错，可以介入进行帮助。随后，银行向这个企业进行了出资，解决了该企业的资金缓解难题。而后企业经营团队经过努力，逐渐实现了盈利。

> **小·提示**：即使可以通过压缩式盘活方法进行盘活，这样的企业也是十分脆弱的，银行如果要求企业一次性还款，企业就很有可能破产，那么所有的银行贷款也就收不回来了。因此，银行在处理这部分企业的贷款时，应该注意采取循序渐进的方式。

13.2.3 通过 AMC 接收银行不良资产

卖抵押物或找担保人偿还和使用压缩式盘活的方式，可以为银行处理一些坏账，但是还有一些坏账并不会被处理掉。如果这些不良资产在银行业务中居高不下，就会使普通民众对银行失去信心，最终导致银行系统危机。为了解决银行中的不良资产，AMC（资产管理公司）的独立存在就很有必要。

我国的 AMC 最早成立于 1999 年，主要是华融、东方、信达、长城 4 家资产管理公司。这些资产管理公司能够使用市场化的手段处置银行中的不良资产，一般的处理方式主要包括以下（见图 13-1）4 种。

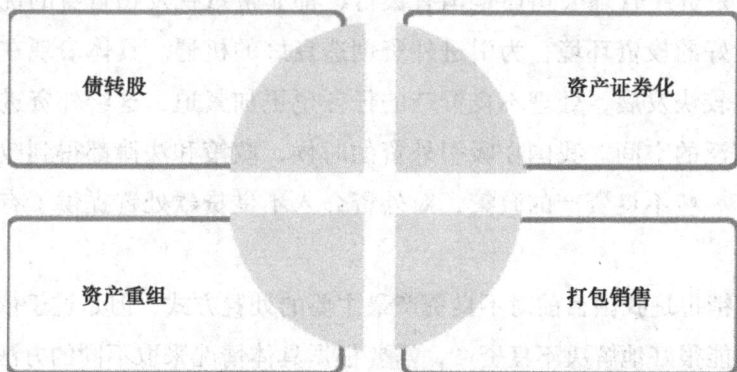

| 债转股 | 资产证券化 |
| 资产重组 | 打包销售 |

图 13-1　处理不良资产的方式

1. 债转股

债转股就是将银行对企业的债券转化为股权，可以通过直接转化，也可以是银行将债券卖给第三方，由第三方转化，或者是银行通过资产管理公司进行转化。债转股是一种重要的债务重组方式，在国际上得到广泛运用。

2. 资产证券化

资产证券化方式就是将一组资产放入具有某种目的的载体中，用这些资产的现金流量来支持发行债券，用上市债券的形式出售给投资者。这是目前处理不良资产的一种比较好的方法，尤其适合具有不错发展前景的大中型企业。

3. 资产重组

资产重组是处理银行不良资产的重要方式之一，有些债务企业由于经营管理不善往往陷入发展困境，但是这些企业还存着一些可以利用的资源，这可以成为其他企业兼并的对象。如果债权人可以向优质企业售让债券，企业之间再发行债券股，优质企业就能够以股东的身份为原来的企业注入优质的资产，进行资产重组，盘活之前的不良资产。

资产重组是一个很复杂的问题，在重组的过程中需要解决一系列的问题，包括健全和完善的经济金融法规问题、在全国建立统一的产权交易市场、发展二手的交易市场和规范资产评估等。

4. 打包销售

无论是资产管理公司还是国有银行，都非常重视发扬自身的优势，营造一个良好的投资环境，为引进外资创造良好的机遇。具体表现在我国的经济保持较快发展，处理不良资产的任务也更加紧迫，这给外资进入我国提供了广泛的空间。我国在吸引外资的时候，政策和法律都得到改善，特别是关于一些不良资产的政策，对外资介入不良贷款处置提供了有利的工作环境。

打包销售是我国目前对不良资产最主要的处置方式，但是过于依赖某一种方式不能很好地解决不良资产，需要根据具体情况采取不同的方法。2004年以后，银行和资产管理公司合作创新了纯通道模式、分级持有模式、卖断反委托模式和基金模式。

小·提示：不良资产是难以进行估价的，很容易将资产低于真实价格去出售。因此，债权人在进行销售的过程中，应该充分运用市场竞争机制，利用竞标的方式来出售不良资产。债权人在销售这些不良资产的时候，受银行原有负债的约束，当资产不足以偿付债务时，损失需要由债权人进行承担。

第 14 章
提供一站式金融服务

银行想要提供一站式金融服务，一方面需要构建好零售金融服务体系，为每一个客户做好服务，另一方面还要构建企业金融服务体系，为服务提供适配的产品。本章从这两个方面出发介绍银行打造一站式金融服务的具体方式，并且向读者介绍农业银行夏津支行的智慧银行模式。

14.1 构建零售金融服务体系

零售银行具有溢价能力强和抗经济周期的特性，有很多领先的银行在新的形势下纷纷加大零售银行的资源投入，目前初见成效，零售业务的收入正呈现逐渐上升的趋势。为了能够构建银行零售金融服务体系，银行还需要开发出业务互补的交叉型产品，并且和证券、保险公司相配合。

14.1.1 开发业务互补型的交叉产品

对于银行零售金融服务体系来说，有三大核心产品，其内容如图 14-1 所示。

图 14-1 银行零售金融服务三大核心产品

通过对以上 3 个核心产品的研究，开发出互补的交叉产品，进行交叉销售，就能在很大程度上促进银行的零售业务发展。

选择那些对营业收入贡献大的，并且与其他产品相比，具有较强功能关系的基础产品作为核心产品，能够对客户形成很大的吸引力。例如，富国银行选择的核心产品是抵押贷款，这个产品的营业收入就比较大。

从商业银行的实际出发，并结合客户对产品的需求，就可以将小额贷款、公务卡及理财产品这些产品内容作为重点工作。小额贷款是银行零售业务收入的主要来源，而公务卡和理财产品也是中间业务的重要组成内容。如今人们对理财产品的需求日益增多，进一步推动理财产品的发展，能推动银行存款和理财业务的发展。

对于银行零售业务来说，最重要的客户源就是这三项核心产品。其中，一些小型的企业或者具有一定消费能力的群体往往是小额贷款的主要客户群；国家公务人员、教师、科研人员等具有稳定收入的人群往往是公务卡的客户；而理财产品的客户范围就更加广泛了，那些具有一定资产、投资渠道比较狭隘的人群都是理财产品的主要客户。

小·提示：虽然商业银行的产品日益丰富，但是多数产品都缺乏宣传，甚至没有得到市场的认可。很多产品往往只能满足客户某一个方面的需求，因此，银行很有必要对这些产品进行重新改造，进行重组和包装。

不同业务的产品或者相同线上的不同产品，按照互补性或者一致性的原则，能够组合成一个产品系列，以便周全地满足客户的多种需求。在对产品进行重新组合之后，还可以实行一定的优惠，以提高产品的覆盖率。

在开发交叉型产品的时候，还要根据一定的策略，如按照市场和客户的需求，定制个性化的业务，给客户提供差异化的金融服务。一般包括区域定制和差别定制两种，区域定制就是根据区域设计相应的产品，而差别定制就是根据不同的客户群体定制不同需求的产品。

14.1.2　与证券、保险公司进行业务协同

银行、证券、保险曾有过一段时间的分离，这对当时的金融业发展起到了推动作用。但是从金融业的趋势来看，银行、保险和证券等混业经营是大势所趋，一些金融业比较发达的国家也早就允许了这种做法。目前，政府鼓励商业银行、证券公司以及保险公司之间相互合作。

银行自身的转型比较困难，一二百亿的资产很难通过其他转型方式去承接，想要缓解之前信贷刺激带来的压力还需要一段时间的努力。一位银行业的专业人士这样称："只能通过结构调整慢慢改善，混业经营成为低迷中的一道曙光，其庞大的盈利盘子，能够保持10%左右的盈利已经不错，经济下行甚至个别银行滑入负增长也有可能。"可以看出，银行与证券、保险公司进行业务协同能够在一定程度上促进经济转型。

尤其是对于银行来说，控股券将是接下来的重点。早在2012年，建设银行曾经尝试申请券商牌照，最后不了了之，但是现今许多银行都已经收购了一些证券公司。

商业银行对保险业的两个领域比较感兴趣，一个是储蓄类产品，另一个是普通的人寿保险产品。储蓄类产品包括年金、养老基金等，风险比较小，资产数量巨大，银行信托部门和证券业一直在积极地管理那些退休基金和社保基金。商业银行也把这个领域看成是最有潜力的产品组合之一。

普通的人寿保险产品的风险比较确定，而它潜在的集聚资金的力量也非常具有吸引力。至于那些不是人寿保险类的产品，由于服务成本比较高，利润也不好估计，进入的话会比较困难，因此，银行不会很快进入这部分意外保险市场。银行与保险领域合作，通常推出一系列产品，如住房按揭贷款和履行保险、保单质押贷款、商业银行自办保险子公司等内容。

商业银行进入证券和保险领域，除了金融产品的内在要求外，还有人口变化趋势、消费者消费行为的改变以及金融市场竞争力的加剧等各方面因素。也就是说，银行和证券、保险进行合作，是为了寻找新的发展空间。三者进行业务混合，有助于银行的发展。

14.1.3 招商银行零售金融再谋升级构建"未来银行"新生态

招商银行的零售业务税前的利润占比在 2015 年的时候已经接近了 51%，同比大幅度提升，成了国内第一家零售利润占比一半的商业银行。

💡 **小·提示**：如今，招商银行的零售体行业早已经形成一体，在组织架构上，零售金融总部下设网络银行、财富管理和私人银行等 6 个部门，这大大提高了业务管理的精细化水平。通过银行内部之间的相互配合和协调，形成了体系化的竞争能力。

招商银行还具有创新能力，在私人银行、信用卡等多个领域形成了同行业领先的优势。到 2017 年第一季度，招商银行的私人银行客户数已经达到了 5 万，管理的私人银行客户总资产也已经接近 1.3 亿元，客户的数量和资产管理规模位于行业的第一位。

招商银行的私人银行还建立了全权委托、家族办公室等高净值的客户服务体系，并且通过境外的私人银行进行全球资产配置。截至 2015 年，招商银行的信用卡累计发行超过 6900 万张，流通卡也有 3800 万张，累计实现的信用卡交易额也超过了 1.8 万亿元，居中国银行的前列。

2015 年，招商银行确立了新的互联网金融创新策略：内建平台、外接流量、流量经营，并且把互联网金融看成是银行转型的重要工具。在 2016 年年初的时候，招商银行还与第三方互联网平台进行了合作，如与滴滴出行建立了全面的战略合作关系，通过对滴滴出行的投资，招商银行也获得了非常优质的互联网流量，并且拥有了获取客户的多种方式。

招商银行相关负责人说："未来，人们手里可能没有一张银行卡，但手机里一定有一个金融服务的 APP。"招商银行为了更好地运营客户，建成了以手机银行和掌上生活两个 APP 为中心的互联网运营平台。手机银行已经更新到了全网通的版本，而掌上生活则搭建以信用卡为基础的互联网金融生态圈，客户的承载能力也进一步加强。

这种依托于远程银行运营和手机 APP 形式的载体，能够进一步为客户推进交叉销售，并且以精准的数据进行分析，建立轻型化的 O2O 经营模式，帮助客户迅速地理财。

除此之外，招商银行还将为客户提供进一步的服务，包括个性化产品的创设和供应，通过建设智能资产配置系统，建立起线上的智能化理财服务，提高互联网渠道的专业化运营能力。而且，招商银行还将会继续站在客户的角度上，全方位搭建金融服务体系，以构建"未来银行"的新生态。

14.2 农业银行夏津支行建设"智慧银行"获客户好评

中国农业银行在夏津县率先实施了"智慧银行"的建设，"智慧银行"由排队叫号、自助填单系统、自助开卡机、Wi-Fi网络等各个系统组成。从客户进入大堂开始到办理业务结束，整个业务流程都包含在内，并且相互补充和配合，为客户提供了更加便捷、安全的"一站式"服务，客户的等候时间得以缩减，办事效率得到了提高。

14.2.1 自助填单：无纸办公

传统的填单都是采取人工的形式，客户在固定单子上手写需要办理的业务以及身份信息等内容，再领取号码排队办理业务。而农业银行自建设了"智慧银行"之后，首先就解决了这一方面的问题。

> **小提示：** 自助填单功能支持无纸化办公，而且能够为客户提供面向柜台的业务填单和申请服务，机器配置身份证识别系统，可以快速导入相关信息。智慧银行还具有历史记录等自我管理功能，之前在农业银行办理过一定业务的客户，能够利用身份证快速进入到相关信息中，客户只需要填写少量内容就可以完成填单手续。

客户在完成相关的填单之后，相关信息还会被传输到柜台上，这种模式比传统的输入模式要快得多，银行工作人员的工作效率也得到了提升。银行营业部的程主任介绍说，这种综合自助的填单服务，能够提供身份证复印业务、存取款等8种个人业务的申请凭证，能够覆盖柜台的日常办理业务，能够真正实现电子化的自助服务。

和传统的填单子、拿号等待不同，自助填单使客户的信息快速地传递到柜台。之所以这种方式能够减少时间，提升效率，是因为节省了填单子的时间以及把信息传输到柜台的时间。在过去，有些内容如身份证信息，对于客户来说都是一些固定的内容，每次来银行都需要重复写，但是单子上又不能省略这一部分内容。

在开通了智能银行之后，客户的基本信息就被保存到系统之中，客户只需要刷一下身份证，自己的信息就出来了，大大减少填写的内容，缩短了时间。客户在填写完成保存之后，信息又会马上传递到柜台，为客户排队。

这种智能模式使银行工作人员的效率得以提升，银行也经历了一定的转型，高柜台由原来的 13 个变为了 9 个，低柜台由原来的 3 个增加到 6 个，大堂也由原来的 2 个人增加到了 12 个人，为的是帮助银行客户提供一定的技术指导。

这一转变对于到农业银行办理业务的客户来说也是一种惊喜，有些客户表示，进入农业银行之后，感觉和之前变了样，等候的时间变短了，而且银行还帮助客户学习自助设备的使用方法。可以说，这是农业银行夏津支行进行转型和提升的一个缩影。

14.2.2 自助银行：业务分流显神威

农业银行夏津支行在银行内实行自助银行的形式，对进来办理各项业务的客户进行分流管理。这样一来，每个服务区更集中化，办事的水平得以提升，办理业务的效率自然比较高。

当客户走进农业银行夏津支行营业部的大门后，在服务台的大堂经理就会走上前来，询问客户想要办理的业务是什么，这也是农业银行实行自助银行的第一关，那就是智慧分流。如果客户办理的业务是可以自助的，大堂经理就会引导客户到自助的服务区进行办理，如果不能实现自助办理，就带领客户到高柜台进行办理。

对于普通客户来说，最常办理的业务应该就是存取款。如果客户想要支取一定现金，大堂经理就会把客户领到大门右手边的自助服务区。这里摆放着 6 台自助存取款机，等待着客户来办理业务，还有 3 台自助设备是针对外面的客户进行服务，并且服务的时间是 24 小时。

在这里，客户几乎可以不用排队，自己解决一些问题。据相关负责人介绍，这 6 台自助机器每天的业务交易量能够达到 1500 笔，能够分流网点一大半的小额交易客户。试想一下，如果把这 1500 多笔业务挪移到柜台上，将会占据多少时间和工作人员。而一台机器却能大大减轻农业银行的工作任务，进一步加强柜台的办事效率，而那些办理其他业务的客户也能够快速完成业务办理。

农业银行夏津支行有关负责人介绍，目前全县的 4 个营业网点都建设了自助服务区，配套了几十台自助设备，而这些自助设备的分流率也达到了 90%，极大地方便了客户的业务办理。

💡 **小提示**：农业银行夏津支行只是众多银行中的一个典型，在如今很多商业银行都配上了这种自助设备，客户也适应了这种银行服务方式，无论对银行还是银行客户来讲，自助设备都提供了一定的便捷之处，而这也成为银行适应现代化脚步的一个表现。

14.2.3 Wi-Fi 全覆盖：现场体验

Wi-Fi 逐渐普及，人们的生活中处处可以用到它，人们也适应了 Wi-Fi 的全面覆盖，如果走到哪里没有 Wi-Fi 覆盖，人们的体验往往会大打折扣。农业银行夏津支行既然实行建设"智慧银行"，很多业务的办理都需要依靠网络进行，那么为了进一步增强客户的现场体验，就需要全面覆盖 Wi-Fi。

客户走进农业银行夏津支行的营业部等候区后，能够感受到井然的秩序。你会看到这样的情形，有的客户正在下载手机银行软件；有的客户正在通过手机银行自助办理账户查询、转账汇款、购买理财等业务；还有的客户正在参与农业银行推出的活动，如"注册电子银行砸金蛋"活动，当客户中了 100 元之后，其开心的表情溢于言表，也能很快感染到其他客户。

这些客户之所以能够自助办理这么多业务，就是因为在农业银行夏津支行，Wi-Fi 已经全面覆盖。因此，客户在手机银行上就能办理一些业务，这在一定程度上减少了银行高柜台的业务量。

当然，除了这些能够实行自主办理业务的客户，还有一些客户的业务只能在高柜台办理，他们在等待的时间往往会比较无聊。银行在覆盖了 Wi-Fi 之后，智慧网点的 Wi-Fi 网络能够将银行全部覆盖住，客户可以接入免费网络办理业务，还可以体验农业银行电子产品，甚至是悠闲地进行网上娱乐或网上购物。等待的客户们还可以看视频或者是玩微信。这样他们等待办理业务的无聊感就会被大大降低。

> **小·提示**：农业银行的这种免费 Wi-Fi 的连接方式也比较简单，客户只需要刷卡就可以获得账户密码，然后登录自己的账户，输入密码，就可以在银行内免费上网。可以看出，这也是农业银行适应客户生活节奏的一个方面。

14.2.4　自助开卡：不需排队

传统的开卡行为都需要在柜台才能办理，客户可能为了办一张借记卡，排队等待几十分钟，这不仅对客户来说是一种煎熬，银行工作人员的办事效率也比较低。

而在建设了"智慧银行"之后，客户想要办理借记卡，就不需要再排队去柜台了。大堂经理会把客户引到大厅自助发卡机那里。这一台发卡机虽然很不起眼，但是作用却很强大，每天能够办理几十张卡，大大缓解了银行高柜台的压力。

客户使用机器操作的时候，不用担心操作方法，会有专门的工作人员来指导帮助。当客户走进机器的时候，工作人员就会提醒客户拿出身份证，然后在机器上选择"自助发卡"项目，并且将身份证放到自助发卡机上进行扫描，然后选择"拍照"。

等发卡机确认之后，工作人员用指纹进行授权感应，设置完密码，机器就会吐出办理好的借记卡。整个过程可能只有两三分钟，所有的环节都是在机器上进行操作，最后客户只需要在签约单子上签字就可以了。

普通的柜台开卡的全套流程平均耗时时间至少是 10min，而且在传统的窗口上办理，还要填写各种数据单，如果不小心填错了内容，还需要重新填写，费时又费力。但是用自助发卡机只需要几分钟，业务办理的时间被大大缩减，再加上开通的网银功能，自助发卡机能够缩短将近三分之二的时间。

据工作人员介绍，这台自助发卡机具有一些比较前沿的技术，如身份证读取、人脸识别对比和电子签约等，还能够自动读取客户的二代身份证信息，完成验证工作，并发起联网核查、受理开卡和电子签约等业务。

自助发卡机的设立，使得办理开卡的客户不再需要排队等候，几分钟就可以办理完自己的业务，给客户节省了不少时间。而对高柜台任务的分流，也使得高柜台的工作减轻了许多负担，从而再次使得其他客户的办事效率加快，从总体上来说，给银行办理各方面业务的客户提供了很大的便捷。